Eduard von Hartmann

Der Spiritismus

Eduard von Hartmann

Der Spiritismus

ISBN/EAN: 9783743695603

Hergestellt in Europa, USA, Kanada, Australien, Japan

Cover: Foto ©Lupo / pixelio.de

Weitere Bücher finden Sie auf **www.hansebooks.com**

EDUARD von HARTMANN

DER SPIRITISMUS

LEIPZIG — BERLIN

VERLAG VON WILHELM FRIEDRICH

K. HOFBUCHHANDLUNG

1885.

DRUCK VON EMIL HERRMANN SEN., LEIPZIG.

Inhalt.

1. Der allgemeine Stand der Frage 1
2. Die physikalischen Erscheinungen 25
3. Der Vorstellungsinhalt der Kundgebungen . . . 57
4. Die Transfigurationen und Materialisationen . . . 84
5. Die Geisterhypothese 106

1. Der allgemeine Stand der Frage.

Das Wort „Spiritismus" ist ein französisches Produkt, während die Engländer und meist auch die Deutschen an dem Ausdruck „Spiritualismus" festgehalten haben; es scheint jedoch rathsam, die Bezeichnung „Spiritualismus" für einen dem Materialismus entgegengesetzten metaphysischen Standpunkt festzuhalten, und demgemäss zur Vermeidung von Verwechselungen die Erklärung der mediumistischen Erscheinungen durch Mitwirkung abgeschiedener Geister mit dem neugebildeten Ausdruck „Spiritismus" zu benennen. Das Uebergewicht innerhalb des Spiritismus besitzt die amerikanisch-englische Richtung, welche keine Reïnkarnation annimmt, sondern in der Hauptsache auf dem christlichen Unsterblichkeitsglauben fusst. In Frankreich herrscht die Richtung, welche Allan Kardec der Sache gegeben hat, nämlich die Hinwendung zu dem indischen Glauben, dass die Seele so lange sich in neuen Körpern zu reïnkarniren habe, bis sie den gottgewollten Zustand der Vollkommenheit erlangt habe. In Deutschland besitzt der transcendentale Individualismus Hellenbachs einen Anhängerkreis, welcher die Möglichkeit, aber nicht gerade die Nothwendigkeit der Reïnkarnation lehrt, und sich vom französischen Spiritismus hauptsächlich dadurch unterscheidet, dass er den Aussagen der Medien ebenso wenig, wie dieser viel Werth beilegt.

Die Zahl der spiritistischen Zeitschriften ist bedeutend; fünfzig sind von den „Psychischen Studien" aufgeführt, mit welchen diese in Austausch stehen, und allein in Deutschland giebt es fünf. Die meisten sind von einer geradezu unglaublichen Kritiklosigkeit und superstitiösen Leichtgläubigkeit; am schlimmsten von allen sind in dieser Hinsicht die amerikanischen Berichte, was ihren Werth um so mehr herabdrückt, als gerade in Amerika auch der Humbug und Schwindel der professionellen Medien seinen Gipfel erreicht. Unter den deutschen spiritistischen Journalen nimmt die Monatsschrift „Psychische Studien" (Leipzig bei Oswald Mutze 1874—1885) dadurch eine Ausnahmestellung ein, dass ihr Redakteur Dr. Wittig mit Energie und kritischem Scharfsinn die Cox'sche Theorie der psychischen Kraft und die Hallucinationshypothese gegen die Geisterhypothese vertritt, insbesondere in den letzten drei Jahrgängen. Es ist charakteristisch für die ganze Bewegung, dass dieser Versuch eines Redakteurs, der Stimme der Vernunft Gehör zu verschaffen und sein Journal auf ein wissenschaftliches Niveau zu erheben, sich nur im Kampfe mit dem Herausgeber und der Mehrzahl der Mitarbeiter vollziehen kann, und dass er zunächst bloss das Emporblühen mehrerer Konkurrenzzeitschriften zur Folge gehabt hat. Da nämlich die meisten Abonnenten spiritistischer Zeitschriften gar kein wissenschaftliches Interesse an der Erklärung der Erscheinungen haben, sondern nur das Herzensinteresse, ihren Unsterblichkeitsglauben durch die mediumistischen Erscheinungen gekräftigt zu sehen, so hört für sie mit einem Schlage jedes Interesse an der Sache auf, sobald ihnen diese Hoffnung benommen wird.

Wenn man sich mit der Literatur der Spiritisten befassen will, so muss man sich auf den Standpunkt eines Irrenarztes stellen, der sich von seinen Patienten eine möglichst genaue Schilderung ihrer Wahnvorstellungen geben lässt; wer nicht die Geduld hat, in den Vorstellungskreis und die typische Ausdrucksweise dieser Gedankenverirrung einzutreten und sich in derselben heimisch zu machen, der wird niemals ihre psychologischen Ursachen ergründen.

Dass ein Somnambuler die Vorstellungen seines träumenden Mittelhirns verbildlicht und so weit als möglich personificirt, ist eine psychologische Nothwendigkeit, über die er als Somnambuler keine Macht hat. Dass ein larvirter Somnambuler die intelligenten Kundgebungen seines somnambulen Bewusstseins, welche sein Tagesbewusstsein nicht als die „seinigen" anerkennt, fremden, unsichtbaren, personificirten Intelligenzen zuschreibt, ist ebenso psychologisch nothwendig. Wenn nun weiter diejenigen Thätigkeiten, durch welche die ihm unbewusste Intelligenz seines larvirten somnambulen Bewusstseins ihre Kundgebungen vermittelt, durch unwillkürliche und unbewusste Impulse seines Mittelhirns (sei es auf die Muskeln der Gliedmassen oder Stimmwerkzeuge, sei es auf noch unbekannte Nervenkräfte von mechanischer Wirksamkeit) hervorgebracht werden, so ist es unvermeidlich, dass diese Thätigkeiten als eigne geleugnet und statt dessen als unmittelbare Thätigkeiten jener personificirten Intelligenzen angeschaut werden. Wenn sich nun gar mit solchen Vorgängen die Fähigkeit des Somnambulen verbindet, in der Seele empfänglicher Anwesender kombinirte Hallucinationen mehrerer Sinnesorgane zu erzeugen, so werden diese leicht geneigt sein, die combinirten Gesichts-, Gehörs-, Gefühls- und Tast-Hallucinationen wegen ihrer „Handgreiflichkeit" für objektive Realitäten zu nehmen, und wenn endlich die Uebereinstimmung dieser eingepflanzten Hallucinationen bei mehreren Zeugen konstatirt wird, so scheint ihnen, wie dem sie einpflanzenden Somnambulen kaum noch ein Zweifel an der Realität der Erscheinungen übrig zu bleiben.

Alle diese intuitiven Trugschlüsse vollziehen sich mit gleicher psychologischer Gesetzmässigkeit wie das Zustandekommen von Sinnestäuschungen. Man mag eine Sinnestäuschung mit der abstrakten Reflexion vollständig durchschauen, so hört sie darum doch nicht auf, sich für die Anschauung von Neuem zu produciren, sobald die Bedingungen ihrer Entstehung von Neuem hergestellt werden. Ja sogar bei einem Theil der mediumistischen Phänomene, insbesondere der Uebertragung von Hallucinationen auf Dritte, scheint der ungestörte Glaube an die Realität der Traumpersonifikationen im hervorrufenden Somnambulen fast unerlässliche Bedingung zu sein, und für das Zustandekommen in den Zeugen mindestens begünstigend zu wirken. Es wird hieraus verständlich, weshalb die Zuschauer mit wachsendem spiritistischem Glauben auch reicher entfalteten Erscheinungen gegenübertreten, und dass eine intolerante Skepsis, welche es verschmäht, in den Vorstellungskreis des Mediums, wenn auch nur zum Schein, einzutreten, lähmend auf dessen Produktionskraft wirken muss.

Man erkennt schon aus diesen vorausgeschickten Bemerkungen, dass man es bei dem Erscheinungsgebiet, auf welches der Spiritismus sich stützt, mit wesentlich anderen Versuchsbedingungen zu thun hat, als bei Experimenten mit unorganischen Stoffen oder organischen Körpern. Nur ein kleiner Theil der mediumistischen Erscheinungen ist seiner Wirkung nach rein physikalisch; aber selbst dieser Theil ist seiner Entstehung nach an psychische Bedingungen, an Stimmung, Zuversicht, ungestörte Behaglichkeit des Mediums geknüpft. Nun ist es aber ganz ungerechtfertigt, wenn Naturforscher die Untersuchung dieser Erscheinungen deshalb ablehnen, weil dieselben an Bedingungen geknüpft sind, deren Herstellung nicht zu jeder Zeit in der Macht des Forschers liegt.

Wenn man den Floh des Maulwurfs oder die Eingeweidewürmer der Grille untersuchen will, so muss man schlechterdings erst Maulwürfe und Grillen fangen, um ihnen die Flöhe oder Eingeweidewürmer abzusuchen. Wenn man bestimmte Formen des Irrsinns untersuchen will, so muss man in die Irrenhäuser gehen, wo solche Kranke zu finden sind. Wenn man elektrische Rochen oder Aale untersuchen will, so muss man sich welche aus ihrer Heimath schicken lassen. Ganz ebenso muss man, wenn man abnorme Erscheinungen der menschlichen Natur studiren will, abnorm veranlagte Naturen aufsuchen, oder solche zu sich kommen lassen. Auch die Experimente des Laboratoriums sind oft von so verwickelten Bedingungen abhängig, dass der Forscher für ihr Gelingen nicht in jedem Falle einstehen kann; aber diess hindert nicht die Beweiskraft der gelungenen Fälle. Wenn der elektrische Rochen von der Reise erschöpft ist oder krank wird, so werden die Versuche mit demselben ebenso unbefriedigend ausfallen müssen, wie diejenigen mit einem Medium, das sich nicht wohl befindet, und wenn der Feuchtigkeitsgehalt der Atmosphäre einen gewissen Grad übersteigt, so werden die Versuche an der Reibungselektrisirmaschine ebenso misslingen wie diejenigen an einem Medium. Diess alles darf aber die Erforschung der abnormen Erscheinungen unmöglich hindern.

Schlimmer als die Abhängigkeit von den Medien und ihrer Disposition ist der Kampf gegen absichtliche Täuschung, der einem Forscher bei der Untersuchung elektrischer Rochen allerdings erspart bleibt. Indessen ist hier an das Gebiet der Geistes- und Nervenkrankheiten, der Hysterie und des Somnambulismus zu ererinnern, wo der Arzt und der Theoretiker ebenfalls mit den raffinirtesten Täuschungsversuchen zu thun hat, ohne dass er sich deshalb in seinem Forschungseifer hemmen lässt. Ein Somnambuler erhält von seinen Phantasiepersonen Weisungen, welche er pünktlich befolgt, in dem guten Glauben, nur das zu thun, was jene durch ihn thun, und schwört in seinem wachen Bewusstsein mit gutem Gewissen darauf, von jenen Thätigkeiten nichts zu wissen, hält dann vielmehr deren Ergebniss für unmittelbare Leistungen jener Phantasiegestalten. Aehnlich kann ein Medium im somnambulen Zustand die Rolle eines Geistes spielen und Dinge thun, von denen es hernach im wachen Zustande nichts weiss, die es vielmehr nach den Berichten der Zeugen für unmittelbare Geisterwirkungen halten muss.

In welchen feinen und krausen Verschlingungen Gutgläubigkeit und Betrug bei Hysterischen verfitzt sind, davon weiss nur, wer sich mit solchen Kranken näher beschäftigt hat, ohne sich von ihnen täuschen zu lassen. Nun sind aber alle Medien, welche nicht bloss Magnetiseure sondern zugleich offne oder larvirte Somnambule sind, ohne Ausnahme Individuen mit einer gewissen Desorganisation des Nervensystems, d. h. von einer relativ zu grossen Selbständigkeit der niederen und mittleren Nervencentra gegen das höchste reflexhemmende Centrum der bewussten Selbstbeherrschung; sie sind mit andern Worten ebensogut wie die nicht mediumistischen Somnambulen trotz häufigen Anscheins körperlicher Gesundheit hysterisch*) und vollbringen ihre Wirkungen entweder in offenem oder in larvirtem Somnambulismus, befinden sich also bei ihrer Produktion unter den für unbewussten oder halbbewussten Betrug denkbar gün-

---

*) Dass Hysterie nicht bloss eine Krankheit des weiblichen Geschlechtes ist, gilt in Frankreich seit 20 Jahren für ausgemacht, und ist in Deutschland neuerdings von Mendel ausser Zweifel gestellt.

stigsten Bedingungen. Sie sind fest überzeugt davon, dass die Geister ihnen helfen, haben aber doch auch das Bewusstsein, dass sie auf irgend welche Weise eine für die Geister unentbehrliche mitwirkende Bedingung sind, d. h. dass die Geister nur mit Hilfe ihrer wirken können. Liegt es da nicht nahe genug, dass sie sich bemühen, auch ihrerseits den Geistern zu dem erwünschten Ergebniss zu helfen, und dass dabei die Grenze zwischen ganz ·unwillkürlicher, halbunwillkürlicher, und willkürlicher Mitwirkung sich verwischt? Kann überhaupt der Begriff der „vollen Zurechnungsfähigkeit" auf einen Geisteszustand Anwendung finden, wo die organisch-psychische Gesammtenergie sich zwischen wachem Bewusstsein und somnambulem Bewusstsein spaltet und für das erstere nur einen grösseren oder geringeren Bruchtheil der normalen Intensität übrig lässt?

Ich glaube, es müsste sonderbar zugehen, wenn ein vollkommen normaler Mensch zu dem Einfall kommen sollte, sich als Medium zu produciren. Am ehesten dazu befähigt wären offenbar Taschenspieler, aber diese ziehen es vor, ihre Künste vor einem grösseren Zuschauerkreise vorzuführen, während Medien auf die geringen Erträge eines engen Cirkels angewiesen sind. Man hat wohl von vielen Medien gehört, die Taschenspieler geworden sind, aber noch von keinem Taschenspieler, der Medium geworden wäre. Man darf deshalb wohl annehmen, dass niemand in die Laufbahn eines Mediums kommt, der nicht durch Zufall abnorme Eigenschaften und Kräfte an sich entdeckt hat. Etwas von diesen Eigenschaften und Kräften dürfte wohl jeder Mensch besitzen, aber in so geringem Grade, dass nichts Besonderes damit zu leisten ist. In England sollen 3%, in Nordamerika, wo die Luft trockener ist, sogar 5% der Menschen in dem Grade Medien sein, dass ihre Ausbildung lohnt. Bei Frauen ist die Entwickelung dieser abnormen Anlagen häufiger als bei Männern, bei mageren nervösen Constitutionen häufiger als bei wohlbeleibten, bei jüngeren Individuen häufiger als bei älteren, vor der Geschlechtsreife häufiger als nach derselben.

Das Medium, das sich entdeckt hat, pflegt von den Erscheinungen ebenso überrascht zu sein wie seine Umgebung; es bedarf der längeren Uebung, um soweit die

Herrschaft über seine mittleren Nervencentra zu erlangen, dass es sich durch seinen Willen in den zur Hervorbringung der Erscheinungen geeigneten Zustand zu setzen vermag. Beim Fortschreiten dieser Uebung nehmen die Erscheinungen an Mannichfaltigkeit und Stärke zu, und sein Ruf verbreitet sich; bald erhält es Aufforderungen zum Besuch in fremden Städten und Ländern, für welchen Geldentschädigung gewährt wird. Hat vorher schon die Eitelkeit als Sporn gewirkt, so tritt nun das Geldinteresse hinzu; das Medium vernachlässigt seinen bürgerlichen Beruf und wird professionelles Medium. Es wird ihm peinlich, Geld anzunehmen für misslungene Sitzungen, und doch braucht es Geld zum Leben; es fängt an, den Geistern nachzuhelfen, damit die Leute zufriedengestellt werden.

Das professionelle Medium wird bezahlt für jede Sitzung; je mehr Sitzungen, desto mehr Geld. Jede Sitzung strengt aber das Nervensystem an und macht das Medium nervöser, hysterischer, kraftloser. So lange der mitgebrachte Kraftvorrath der Jugend vorhält, geht die Sache; dann lässt die erschöpfte mediumistische Kraft merklich nach und die Erscheinungen werden seltner und schwächer. Der Ruf des Mediums aber hinkt seinen Leistungen nach und verschafft ihm mehr Einladungen, als es annehmen kann; es sieht das Geld vor sich und kann es doch nicht einstreichen. Jetzt wird die Versuchung, den Geistern nachzuhelfen, dringend. Fast keinem professionellen Medium bleibt diese absteigende Phase seiner Mediumschaft erspart, und es gehört eine grosse Charakterstärke dazu, den verlassenen bürgerlichen Beruf nach längerem Vagabundenleben wieder aufzunehmen. Manche Medien ziehen es vor, Antispiritisten zu werden, und das Publikum mit den Taschenspielerkniffen zu unterhalten, mit welchen sie in ihrer Medienlaufbahn den Geistern nachgeholfen haben; dabei verdienen sie dann in der Regel viel mehr, als durch echte mediumistische Leistungen. Daneben werden dann auch wohl einzelne mediumistische Leistungen, die sich für Produktion in grösserem Kreise eignen (z. B. das Gedankenlesen durch Berührung und nach den Direktiven unwillkürlicher Muskelbewegungen) weiter gepflegt und der Antispiritismus nur zur Gewinnung des erforderlichen Vertrauens als Vorspann benutzt; zugleich dauert aber die Taschenspielerei fort und das Publikum wird von diesen Antispiritisten noch weit sicherer betrogen als von den spiritistischen Medien. Viele Medien langen zuletzt bei völliger Zerrüttung des Körpers und des Geistes an, verfallen in Siechthum oder Melancholie und enden in Irrsinn oder Selbstmord. Diess gilt nicht bloss für die amerikanischen Medien, sondern auch für die indischen, obwohl letztere niemals einen Gelderwerb aus der Sache machen dürfen und weit weniger versucht sind, ihre Kraft durch allzuhäufige Ausnutzung zu erschöpfen; die indischen Fakirs streben aber gerade nach jener Zerrüttung des Geistes und Körpers, welche unsre Medicin fürchtet, und sehen in dem allmählichen Verfall und Absterben vor dem Tode das wünschenswertheste Ziel.

Zwischen einem Taschenspieler und einem Medium ist ein beträchtlicher Unterschied erkennbar. Der Taschenspieler ist unabhängig von seinem Befinden, von der Luftfeuchtigkeit, von den Gesinnungen der Anwesenden gegen ihn, von der Zahl der Zuschauer und der Beleuchtung; dagegen ist er abhängig in seinen Leistungen von der Lokalität, von der Beschaffenheit der Gegenstände, mit welchen er hantirt, von der Entfernung und Stellung der Zuschauer zu ihm, in den meisten Leistungen auch von den Vorbereitungen, welche er an der Lokalität und den Apparaten hat treffen können. Selten arbeitet er ohne Helfershelfer und von einer nervösen Erschöpfung durch die Vorstellung ist bei ihm nichts zu bemerken; er ist abhängig von bestimmten Bedingungen, unter welchen er seine Kunststücke vorführt, aber wenn man ihm diese Bedingungen nicht stört, so ist er auch seines Erfolges so gut wie sicher. Diess alles ist anders beim Medium.

Das Medium kommt allein, ohne Gehilfen und ohne Apparate in eine ihm fremde und vor der Sitzung nicht zugängliche Lokalität. Der indische Fakir erscheint nackt, bloss die Schaam mit einem Lappen bedeckt; jedes verständige Medium — und mit anderen sollte niemand experimentiren — lässt sich bereitwillig vor und nach der Sitzung vom Kopf bis zur Zehe untersuchen und weigert sich nicht, die mitgebrachten Kleider unter Aufsicht mit neu hingelegten von besonderem Schnitt und Kolorit zu vertauschen. Alles, was das Medium an Gegenständen braucht, nimmt es von dem Wirth in Empfang, so dass jede Präparation vor der Sitzung ausgeschlossen ist. Während der Sitzung befindet sich das Medium unmittelbar unter den Augen und in Berührung mit den Zuschauern; da es aber beeinflusst wird von deren Vorstellungen und Empfindungen, so wirkt auch übelwollende, feindselige, oder frivole Gesinnung unter den Zuschauern störend auf seine Seelenthätigkeit ein, und zwar gleichviel ob es sich des Grundes dieser Störung bewusst ist oder nicht. Da jeder Mensch andre Gedanken, Empfindungen und Einflüsse mitbringt, so mehren sich die störenden Einflüsse mit der Zahl der Zuschauer; mediumistische Vorstellungen vor mehr als drei Zuschauern sind von vornherein verdächtig, und pflegen nur dann Erfolg zu haben, wenn sich unter den Zuschauern Medien befinden, welche, ohne es zu wissen, durch Zusammenwirken mit dem Hauptmedium dessen Kraft verstärken und so die störenden Einflüsse ausgleichen.

Die nervöse Abspannung und Erschöpfung des Mediums ist proportional der Fülle und Stärke der producirten Leistungen, kann freilich auch fingirt oder heuchlerisch übertrieben werden. Der Erfolg ist völlig unsicher, und wenn man das Medium vor jeder Versuchung zu täuschender Nachhilfe bewahren will, so muss man ihm vor allen Dingen klar machen, dass man mit dieser Unsicherheit des Erfolges bekannt sei und keineswegs enttäuscht oder ungeduldig sein werde, wenn selbst mehrere Sitzungen gänzlich erfolglos verlaufen. Empfehlenswerth ist es auch, den Medien nicht die einzelne Sitzung zu honoriren, sondern ihnen ein Fixum pro Monat oder ein Pauschquantum für die Dauer der Versuchsreihe neben freier Station auszusetzen, weil mit dem Honoriren der einzelnen Sitzungen ein wichtiger Impuls zu Täuschungen in Wegfall kommt.

Ebenso hinderlich wie feuchte Luft und üble Gesinnungen der Zuschauer ist für mediumistische Wirkungen das grelle Licht, welches der Taschenspieler mit Vorliebe herstellt, damit man nur ja nicht denke, er wolle sich im Dunkeln das Munkeln zu leicht machen.

Die meisten Medien müssen erst durch Dunkelsitzungen ihre Anlagen entdecken und ausbilden, bis sie so weit gekräftigt und abgehärtet sind, um eine mässige Beleuchtung zu ertragen. Nur hervorragende Medien bringen es dahin, bei vollem Lichte zu wirken; besondere Leistungen, z. B. das Emporfliegen des Mediums und die Einpflanzungen von Hallucinationen in den Zuschauern, scheinen unter allen Umständen nur ein gedämpftes Licht zu ertragen. So gewiss man die verschiedenen Formen des elektrischen Glimmlichts nur in der Dunkelkammer beobachten kann, so gewiss kann man auch die phosphorescirenden Lichterscheinungen, welche sehr gewöhnliche Begleiterscheinungen der Dunkelsitzungen sind, nur im Dunkeln kennen lernen. Es ist daher unthunlich, die Dunkelsitzungen ganz zu verwerfen, doch sollte man sich in ihnen auf das Studium dieser Erscheinungen beschränken, und auf alles, was sonst vorkommt, keinen Werth legen. Die Aermelaufschläge, die Stiefel und die Mütze des Mediums sollten ebenso wie etwa sonst im Zimmer befindliche Gegenstände durch Merkzeichen von selbstleuchtender Farbe gekennzeichnet sein. Noch besser ist die Vertheilung von einer Menge ganz schwacher elektrischer Glühlampen im Zimmer, wie man sie jetzt in Schmuckgegenständen anwendet. Derartige schwache Lichtquellen von mehr phosphorescirendem Charakter pflegen auch von schwächeren Medien vertragen zu werden, während stärkeres Licht (vielleicht durch seine Verwandtschaft mit elektrischer Induktion) störend wirkt.

Alle andern Untersuchungen wird man bei gedämpftem oder hellem Licht vornehmen müssen und können, dann aber auch an der Sichtbarkeit aller Körpertheile des Mediums in Verbindung mit Visitation und Kleiderwechsel vor und nach der Sitzung genügende Kontrolmassregeln besitzen, um sich gegen Taschenspielerei zu sichern. Gänzlich zu verwerfen ist alles Binden der Medien, weil es die Taschenspielerei, die absichtliche und unabsichtliche Täuschung, geradezu herausfordert, und weil Taschenspieler im Lösen und Wiederknüpfen von Knoten und im Herausschlüpfen und Wiederhineinschlüpfen in Schlingen und Fesseln so Unglaubliches leisten, dass allein ein Taschenspieler kompetent sein kann, über die Zulänglichkeit der Fesselung zu urtheilen. Ausserdem ist aber die Fesselung eine für das Medium quälende und darum unwürdige Art vermeintlicher Sicherstellung, und fast jedes Medium sucht sich der Fesseln zu entledigen, sobald es in Hypnose oder somnambulen Zustand verfallen ist und sich vor den Augen der Zuschauer sicher weiss. Wer auf Fesselung baut und sonstige Kontrole vernachlässigt, kann allemal sicher sein, dass er getäuscht wird, und alle Berichte über Sitzungen dieser Art sind ohne Weiteres als werthlos zu verwerfen.

Wer seine fünf Sinne nicht für ausreichend hält, um unter den angegebenen Sicherheitsmassregeln Taschenspielerei von unwillkürlichen Erscheinungen zu unterscheiden, der erklärt damit die menschlichen Sinneswerkzeuge überhaupt für ungeeignet zur Feststellung von Thatsachen und muss ebenso auf jeden gerichtlichen Zeugenbeweis wie auf wissenschaftliche Forschung verzichten. Kann man bei jeder Sitzung einen gewiegten Taschenspieler als vierten Mann hinzuziehen, so ist das gewiss zu empfehlen; denn ein solcher hat das offenbare Berufsinteresse, vorkommende Taschenspielereien aufzudecken, damit nicht die Medien den Ruf der Taschenspieler verdunkeln. Bekanntlich haben die beiden ersten Taschenspieler Deutschlands und Frankreichs, Bellachini und Houdin, ihr Zeugniss zu Gunsten der von ihnen beobachteten Medien abgegeben; dagegen haben andere Taschenspieler (z. B. Hermann) behauptet, dieselben Erscheinungen wie die Medien durch ihre Kunst hervorbringen zu können.

Prüft man die letzteren Behauptungen näher und durchblättert man die anonymen „Confessions of a Medium" oder Cumberlands „Besucher aus dem Jenseits" oder ähnliche Enthüllungsschriften, so erkennt man sofort, dass die Taschenspielerei Bedingungen und Voraussetzungen erfordert, die man dem Medium nicht zugestehen wird. Z. B. bei fernwirkender Schrift braucht man nur dafür Sorge zu tragen, dass das Medium die Tafel entweder gar nicht, oder doch erst im letzten Augenblick in die Hand bekommt, um einer vorherigen Präparation vorzubeugen, und braucht nur die Handhaltung zu kontroliren oder für sichern Verschluss der

Tafel zu sorgen um ein direktes Schreiben durch den Finger des Mediums unmöglich zu machen. Da zahllose Berichte von einem hörbaren Schreiben in der Hand eines Dritten, oder bei frei auf dem Tisch liegender Tafel in deren wohlverschlossenem Innern sprechen, da einzelne Beobachter die schreibende Bewegung des Schieferstückchens auf der unter dem Tisch halb vorgezogenen Tafel gesehen haben wollen, andre sogar das Schreiben eines sich selbst aufrichtenden Bleistiftes auf dem Papier wahrgenommen haben wollen,*) da immer wieder das Aussetzen des Schreibens bei Oeffnung der Sitzungskette und dessen Fortsetzung bei Wiedervereinigung der Hände behauptet wird, da in der verschlossenen Tafel oft genug Worte oder Sätze geschrieben worden sind, die erst nach dem Verschluss oder während des begonnenen Schreibens von einem Anwesenden dem Medium diktirt wurden, da auf diesem Wege sinnvolle Antworten in der verschlossenen Tafel auf die eingeschriebene, dem Medium unbekannte Frage erfolgen (Ps. St. XI, 552), und derartige Erscheinungen nicht nur bei Slade sondern auch bei Monk, Eglinton und verschiedenen Privatmedien von Hunderten von Beobachtern konstatirt sind, so kann man zwar an der Glaubwürdigkeit aller dieser Gewährsmänner zweifeln, aber jedenfalls nicht darum, weil sich unter **wesentlich anderen** Bedingungen ähnliche Wirkungen durch Taschenspielerei erzielen lassen. Dagegen ist jedem, der solchen Versuchen beiwohnen will, die Lektüre solcher Enthüllungsschriften nur zu rathen, damit er sich vor den dort beschriebenen Arten von Täuschungen um so gesicherter weiss.**)

---

*) Psychische Studien IV, S. 468, 545; Owen „Das streitige Land" deutsch von Wittig I, 139.

**) Die zweifellos beste derselben sind die anonymen „Confessions of a Medium" (von Chapman), London, bei Griffith et Farran, 1882, während Cumberland's „Besucher aus dem Jenseits" (Breslau bei Schottländer 1884) ein dürftiger und widerwärtig manierirter Nachklang jener sind. Deutsche Leser finden einen Auszug der ersteren Schrift bei Fritz Schultze „Die Grundgedanken des Spiritismus" (Leipzig bei Günther 1883) S. 58—121. Macht ein früheres Medium in Antispiritismus, so gehört es mit zu diesem Umschwung, auch seine etwaige frühere mediumistische Kraft zu verleugnen, und alle seine Leistungen für blosse Taschenspielereien zu erklären.

Nicht anders als mit der Taschenspielerei ist es mit den sogenannten „Entlarvungen" bei angeblichen Geistererscheinungen; beide werden nur missverständlicher Weise als Instanz gegen die von so vielen Zeugen behaupteten Thatsachen geltend gemacht. Wenn eine angebliche Erscheinung ergriffen wird, und sich nur das Medium aus ihr herausschält, so hat eine „Entlarvung" stattgefunden für denjenigen, der etwas anderes als das Medium in der „Erscheinung" vermuthet hat. Wer aber vorher sich hat sagen lassen, dass dieser Erfolg in solchem Falle der wahrscheinliche sein werde, weil kaum 5 % der sogenannten „Erscheinungen" vom Medium völlig abgelöst seien, der kann doch, wenn der vorausgesagte Erfolg eingetreten ist, nicht mehr von „Entlarvung" reden. Wer mit Recht oder Unrecht eine Erscheinung A erwartet und eine Erscheinung B vorgeführt erhält, der muss doch als exakter Forscher vor allem B untersuchen, aber nicht darauf pochen, dass B nicht A sei, und im Hohn darüber B ignoriren. Wer in solchem Falle sich damit begnügt, das durch unsanften Schreck aus seinem somnambulen Zustand geweckte und seiner Sinne noch nicht wieder mächtige Medium auszulachen, anstatt sofort zur Untersuchung überzugehen, mit welchen Mitteln das vorher visitirte Medium das veränderte Aussehn der „Erscheinung" hervorgebracht habe, der zeigt damit, dass es ihm ebenso wenig wie den Geistergläubigen um wirkliche Erforschung der Erscheinungen, sondern um ganz andere Dinge zu thun ist. Wenn man die Geschichte der (von den Zeitungen natürlich ungenau berichteten) „Entlarvungen" genauer studirt, so erkennt man bald, dass die „Entlarver" meist noch weniger Befähigung zum Experimentiren gezeigt haben als die Geistergläubigen, und wird sich kaum noch darüber wundern, dass jede solche „Entlarvung" der Sache des Spiritismus einen mächtigen Aufschwung gegeben hat.

Gegen bewusste und absichtliche Täuschungen der Medien kann man sich schützen, und unbewusste Täuschungen derselben gehören selbst mit zum Gegenstande der Forschung. Darum, weil ein professionelles Medium als eine mehr oder weniger zu Täuschungen hinneigende Persönlichkeit anzusehen ist, darf man noch nicht so feige sein, ihre Prüfung von vornherein abzulehnen, wenn man auch ganz recht thut, privaten Medien vor professionellen den Vorzug zu geben. Es ist ein logischer Fehler, aus der Thatsache, dass ein Medium in einem Falle unter bestimmten Bedingungen geschwindelt habe, zu schliessen, dass dieses Medium in allen Fällen unter den verschiedensten Bedingungen bloss geschwindelt habe; man hat eben die Bedingungen jedes Falles zu prüfen, und eine zweifellos positive Instanz kann selbst durch hundert negative nicht entkräftet werden. Da nun aber Privatpersonen weder die nöthige Umsicht und Uebung im Experimentiren noch die nöthige Autorität gegenüber dem Publikum besitzen, so ist es durchaus nothwendig, dass Physiker, Physiologen und Psychiatriker von Ruf und amtlicher Stellung im amtlichen Auftrage diesem Erscheinungsgebiet näher treten, um unter Hinzuziehung von Taschenspielern längere Versuchsreihen mit verschiedenen Medien anzustellen.

Das Publikum hat nachgerade ein Recht darauf, zu wissen, woran es mit diesen Dingen ist, und da es selbst nicht in der Lage ist, sich ein eigenes Urtheil zu bilden, so ist es auf das Urtheil der officiellen Träger der Wissenschaft angewiesen. Diese aber lehnen es ab, sich mit diesen Dingen die Finger zu verbrennen, sei es, dass sie in der Ueberzeugung von der Unfehlbarkeit der bisherigen Wissenschaft a priori dekretiren zu können meinen, was möglich und was unmöglich sei, sei es, dass sie bloss nicht Lust haben, die ihnen einmal vertraute Forschungs-Specialität mit einer andern zu vertauschen. Deshalb müssen die Regierungen einschreiten und Mittel zur Untersuchung dieses Erscheinungsgebiets auswerfen, da man ja auch dem Einzelnen nicht zumuthen kann, die Kosten längerer Sitzungsreihen zu tragen. Jeder vorsichtige Mann wird es, ebenso wie es seinerzeit Baron Hellenbach gethan hat, ablehnen müssen, über die Erscheinungen ein sicheres Urtheil abzugeben, bevor er nicht wenigstens hundert Sitzungen mit verschiedenen Medien durchgemacht hat; das können aber nur reiche Leute durchführen, die nichts zu thun haben, und wenn sie das Geld- und Zeitopfer gebracht haben, so hat ihr Urtheil doch für keinen ausser ihnen selbst Gewicht. Die vorliegenden Materialien reichen bis jetzt entschieden nicht aus, um die Frage für **spruchreif** zu erklären, sie reichen aber sehr wohl aus, um dieselbe für **untersuchungsbedürftig** zu erklären. Jede Regierung hat die Pflicht, eine unnöthige Verwirrung und Aufregung in den Köpfen ihrer Staatsbürger zu verhindern, wenn sie derselben durch so einfache Mittel wie die Niedersetzung einer wissenschaftlichen Kommission vorbeugen kann.

Der Spiritismus droht gegenwärtig eine öffentliche Kalamität zu werden, auf welche jede Regierung ihr Augenmerk zu richten hat, welche aber nicht durch das Verbot einer öffentlichen Diskussion auszurotten ist, wie man es in Russland versucht hat. Der Aberglaube an Geister greift epidemisch um sich und öffnet der Ausbeutung der Leichtgläubigkeit durch gewandte Betrüger neue Mittel und Wege. Alle todtgeglaubten Formen mittelalterlichen Aberglaubens erwachen aus ihrer Gruft und drohen ihr Unwesen von Neuem zu beginnen. Die Wächter der Religion schöpfen bereits ernste Sorge aus diesen Vorgängen; die Vertreter einer geläuterten Sittlichkeit sehen ihre Bestrebungen überwuchert durch den neu gestärkten transcendenten Egoismus eines sinnlich-derben Unsterblichkeitsglaubens. Die Vorkämpfer der Aufklärung wissen zu diesen Verirrungen keine andre Stellung zu nehmen, als indem sie alle denselben zu Grunde liegenden Thatsachen rundweg abstreiten und für baaren Schwindel und Betrug erklären; dadurch erreichen sie aber nichts weiter, als dass von den Geistergläubigen ihre Ehrlichkeit in Zweifel gezogen wird und dass durch den apriorischen Widerspruch der Glaube zum Fanatismus emporgeschraubt wird. Man weiss in der That nicht, auf welcher Seite mehr Oberflächlichkeit, Kritiklosigkeit, Vorurtheil, Leichtgläubigkeit und Unfähigkeit zur Unterscheidung zwischen beobachteten Thatsachen und naheliegenden Vermuthungen zu finden ist, ob bei den Spiritisten, die in jedem zufällig umfallenden Regenschirm die Offenbarung einer Geisterhand sehen, oder bei den Aufklärern, welche alles für unmöglich erklären, was nicht zu ihrem beschränkten Weltbilde passt. Es ist hohe Zeit, dass diesem Zustand der Verwirrung durch officielle wissenschaftliche Erforschung des fraglichen Erscheinungsgebietes ein Ende gemacht wird, damit die Natur der darin sich kundgebenden Kräfte endlich dem Verständniss erschlossen und der Ausbeutung für den plumpsten Aberglauben entzogen wird. Da ich selbst niemals einer Sitzung beigewohnt habe, so bin ich auch nicht in der Lage, mir über die Realitat der fraglichen Erscheinungen ein Urtheil zu bilden; ich kann nur soviel sagen, dass, wenn alles Berichtete wahr wäre, allerdings noch neue bisher noch unerforschte Kräfte im Menschen angenommen werden müssten, dass aber von einer Umstossung von Naturgesetzen oder von einem Verlassen der Sphäre des Natürlichen dessenungeachtet in keiner Weise die Rede sein könnte. Wenn z. B. ein Medium in liegender Haltung an die Decke steigt, so beweist das für mich nicht, dass das Gesetz der Schwere in demselben durch übernatürliche Mächte aufgehoben sei, sondern dass dasselbe mit einer Kraft geladen sein muss, deren Abstossung gegen die Erde stärker ist als die Anziehung der Gravitation, ganz ähnlich wie diess von den Figürchen aus Hollundermark unter der elektrischen Glocke gilt. Deshalb kann auch nur derjenige, welcher alle Naturkräfte nach ihrem ganzen Umfang zu kennen behauptet, sich erkühnen, bestimmen zu wollen, was möglich oder unmöglich sei, bevor er es erfahren und beobachtet hat; da aber solche Behauptung nur bei völliger Verkennung unseres beschränkten Kenntnissumfangs möglich ist, so prostituiren solche apodiktischen Vorhersagen nur die Urtheilsfähigkeit der Forscher, welche sich zu ihnen hinreissen lassen.

Von den Männern, welche sich um die Erforschung dieses Erscheinungsgebietes verdient gemacht haben, kenne ich nur zwei persönlich, Zöllner und Hellenbach. Zöllners Versuche sind vortrefflich arrangirt, geben die denkbar beste Bürgschaft gegen Taschenspielerei und zeigen überall die kundige Hand des gewandten Experimentators; auch sind die Berichte über dieselben präcis und klar geschrieben. Es ist zu bedauern, dass Zöllner alles darauf ankam, seine Hypothese einer vierten Dimension des realen Raumes bestätigt zu sehen; doch kann diess den Werth der erhaltenen faktischen Resultate nicht beeinträchtigen. Leider sind aber Zöllners

Berichte in einem solchen Wust von Polemik vergraben und zeigen seine vier Bände „Wissenschaftliche Abhandlungen" eine so sehr an Ideenflucht grenzende Stoffverwirrung, dass er in den letzten Jahren seines Lebens nicht mehr als klassischer Zeuge gelten kann.

Baron Hellenbach ist ein schlagfertiger, geistesgegenwärtiger Weltmann, dem man wohl zutrauen darf, dass er auch feinere Taschenspielereien durchschauen würde; nebenbei bemerkt ein Mann, der von der charakterologischen Unzuverlässigkeit der Medien und von der Werthlosigkeit ihrer Offenbarungen durchdrungen ist. Andrerseits steht er ebenso wenig wie Zöllner den Erscheinungen und ihrer Deutung mit völliger Unbefangenheit gegenüber, denn wie dieser für die vierte Dimension, so sucht er in ihnen Bestätigungen für seinen metaphysischen Standpunkt des transcendentalen Individualismus. Aber was schlimmer ist, er hält es nicht für loyal, zur Kenntnissnahme der Erscheinungen von seinen fünf Sinnen weiter Gebrauch zu machen, als die Medien oder Erscheinungen dazu auffordern oder es erlauben. Nun gebe ich zwar zu, dass es illoyal ist, ein Medium oder eine Erscheinung in brüsker Weise anzupacken, weil ein schreckhaftes Erwecken aus dem somnambulen Zustand sehr schädliche Folgen haben kann; aber ich gebe nicht zu, dass es illoyal sei, die Gesichts- und Gehörs-Eindrücke durch vorsichtige Tastwahrnehmungen, beziehungsweise Geruchswahrnehmungen zu ergänzen; ich behaupte vielmehr, dass es Pflicht eines Forschers sei, diese Ergänzung gegenüber der Erscheinung eines sich auf 4—5 Zoll dem eigenen Gesicht nähernden Kopfes nicht zu unterlassen. Denn entweder fasst man durch die Erscheinung durch, oder man tastet einen Körper von bestimmter Beschaffenheit, sei es dass er Stand hält, oder unter der Hand zerfliesst; in allen diesen Fällen kann dem Medium dadurch kein Schade geschehen. Indem Hellenbach diese Pflicht nicht anerkennt, hat er in meinen Augen der Möglichkeit des Betruges zu günstige Chancen eröffnet, um noch als klassischer Zeuge gelten zu können. Immerhin gehören die Sitzungs-Berichte Hellenbachs zu den klarsten und präcisesten, welche wir nächst den Zöllnerschen besitzen; aber wenn sie allein ständen in der Welt, so würde ich mich nicht im Stande fühlen, auf dieselben gestützt von einer Regierung die Niedersetzung einer Untersuchungs-Kommission zu verlangen.

Nun stehen jedoch diese Berichte nichts weniger als allein. Was die physikalischen Erscheinungen betrifft, so werden sie am besten ergänzt durch die Berichte von Crookes und Cox, deren ersterer durch seine Experimente mit Home zuerst versuchte, für das ganze Gebiet eine exakte Basis zu schaffen, und deren letzterer in seiner Schrift über die psychische Kraft den besten zusammenfassenden Bericht über das Gebiet der physikalischen Erscheinungen geliefert hat. Leider hat Cox in seinen Beobachtungen und Diskussionen das Gebiet der physikalischen Erscheinungen nicht überschritten, und Crookes hat in den bezüglichen Versuchen mit Miss Cook nicht dasjenige Maass von kritischer Besonnenheit beobachtet, welches man von einem wissenschaftlichen Forscher erwarten darf, indem er das Medium durch eine unzulängliche galvanische Bindung*) gesichert glaubte, zwischen abgelöster Gestaltbildung und Transfiguration nicht unterschied und den Einfluss eingepflanzter Hallucinationen für das Zustandekommen einer illusorischen Transfiguration nicht in Anschlag brachte. Auf alle Fälle gehören die Berichte der genannten vier Männer zu dem Instruktivsten, was über den Gegenstand geschrieben ist, und wer sich mit demselben bekannt machen will thut am besten, mit der Lektüre der betreffenden Abschnitte zu beginnen.**) Beachtenswerth

---

*) Die Bindung durch Anfassen der Endpole, wie Crookes und Varley sie bei den physikalischen Sitzungen mit Mrs. Fay in Anwendung brachten (Psych. Stud., Jahrgang II, S. 349—358), darf als ausreichende Sicherung gelten, aber nicht jene Befestigen an den Armen durch Gummi, wobei Münze und feuchtes Löschpapier nach hinten und oben verschoben werden kann, ohne das Medium am Hervortreten zu hindern (Psych. Stud., I, S. 341—349).

**) Zöllner, „Wissenschaftliche Abhandlungen" (Leipzig bei L. Staackmann 1878—1879), Bd. I, S. 725—729; Bd. II, Abth. 1, S. 214—215, 314—350; Abth. 2, S. 909—939, 1173—1180; Bd. III, S. 231—283.— Lazar B. Hellenbach, „Mr. Slade's Aufenthalt in Wien" (Wien bei J. C. Fischer & Co. 1878), 44 Seiten. Dsb., „Die Vorurtheile der Menschheit" III. Bd. (Wien bei L. Rosner 1880), S. 219—255. Dsb., „Die neuesten Kundgebungen einer intelligiblen Welt" (Wien bei L. Rosner 1881), 68 Seiten. Dsb., „Geburt und Tod als Wechsel der Anschauungsformen oder die Doppelnatur des Menschen" (Wien bei W. Braumüller 1885), S. 109—

ist dabei jedenfalls der Umstand, dass Cox gegen die Geisterhypothese ist, dass Crookes und Zöllner sich weder für noch gegen dieselbe ausgesprochen, sondern erklärt haben, sich auf das Studium der Erscheinungen beschränken zu wollen, und dass Hellenbach mindestens sehr geringschätzig von dem Geistergesindel denkt, das thöricht genug ist, sich mit uns abzugeben.

Der Umstand, welcher erst den Berichten dieser Männer ein Gewicht verleiht, welches sie als vereinzelt dastehende nicht besitzen würden, ist der, dass in den letzten vierzig Jahren zahllose Zeugen ähnliche und darüber hinausgehende Beobachtungen gemacht und veröffentlicht haben, und dass dieses Erscheinungsgebiet ebenso alt ist, wie die Geschichte der Menschheit. In China und Indien, bei den sibirischen Schamanen und den malayischen Zauberern, bei den Mystikern der alexandrinischen Schule und in der Urgeschichte des Christenthums, in den Kanonisationsprocessen der katholischen Heiligen und in der Geschichte der Hexenprocesse, bei den Alchymisten und Astrologen des Mittelalters und bei den vagabundirenden Wunderthätern der letzten Jahrhunderte — überall kehren ganz bestimmte typische Formen abnormer Befähigungen und Leistungen wieder.*) Je nach den Ansichten des Zeitalters und je nach der Lebensstellung der Medien werden dieselben bald Göttern, Naturgeistern, Elementargeistern oder Dämonen, bald der Macht des heiligen Geistes oder des Teufels, bald den Ahnengeistern, bald einer Vereinigung von Naturgeistern und Ahnengeistern zugeschrieben. Der heutige Spiritismus ist nichts als die Wiederentdeckung und

---

115. — Crookes „Der Spiritualismus und die Wissenschaft". Deutsch von Wittig (Leipzig bei F. Wagner 1872), S. 86—99 und 113—115 (2. Auflage 1884 erschienen). — Edward W. Cox, Rechtsgelehrter, „Die Theorie und die Thatsachen der psychischen Kraft", Deutsch von Wittig (Leipzig 1883). Psych. Studien, Jahrgang X, S. 120—129, 312—318, 362—371.

*) Vgl. Hellenbach, „Aus dem Tagebuche eines Philosophen", IV. Die mystischen Naturen der Vergangenheit. Ferner Jacolliot: Le spiritisme dans le monde. L'initiation et les sciences occultes dans l'Inde (Paris 1875). Perty, „Die mystischen Erscheinungen der menschlichen Natur", 2 Bde. (Leipzig und Heidelberg bei Winter, 1872). Schindler: „Das magische Geistesleben" (Breslau bei Korn 1857) und „Der Aberglaube des Mittelalters" (ebd. 1858).

Wiederbelebung eines bei allen Völkern und zu alten Zeiten bekannten Erscheinungsgebietes, welches durch die Machtsprüche der Aufklärungsperiode gewaltsam verneint worden war; die spiritistische Erklärung der Erscheinungen stimmt mit derjenigen überein, welche der chinesische und indische Ahnenkultus denselben giebt, lässt aber die Vermischung mit Naturgeistern und Teufelsspuk bei Seite, welche unserer Zeit nicht mehr mundrecht ist.

Die Aufklärungsperiode hatte gar keinen Respekt vor Thatsachen; sie stellte die Welt auf den Kopf, d. h. konstruirte a priori aus der Aufklärungsvernünftigkeit, was sein solle und dürfe und was nicht. Gegenwärtig liegt diese seichtrationalistische Denkweise im Kampfe mit der wiedererwachten Achtung vor der Wirklichkeit, von welcher die schwache menschliche Vernunft erst zu lernen hat, was möglich ist. Die Erscheinungen, auf welche der Spiritismus sich stützt, haben darum ein doppeltes Interesse: erstens ein physikalisches und psychologisches, indem sie unsere Kenntnisse von dem, was wirklich und demzufolge auch möglich ist, erweitern und vervollständigen, und zweitens ein historisches, indem sie uns den Schlüssel in die Hand geben zum kulturgeschichtlichen Verständniss alles Wunderglaubens und Aberglaubens und für die natürliche und gesetzmässige Entstehung seiner typischen Formen. Bis jetzt steht die moderne Geschichtsforschung vor der Nekromantie, dem Fliegen der Wundermänner, Heiligen und Hexen und vor zahllosen anderen Glaubenssätzen der Vergangenheit wie vor unlösbaren Räthseln; schon die Hoffnung, für diese eine befriedigende Lösung zu finden, müsste den Eifer zur Erforschung dieses Erscheinungsgebietes anspornen, auch wenn es nicht ausserdem die wichtigsten Aufschlüsse über noch unerforschte Naturkräfte und unerforschte Einwirkungen einer Seele auf die andre verspräche. Aber es kommt alles darauf an, dass diese Forschung in berufene Hände gelegt wird, und vor allen Dingen nicht ausschliesslich in den Händen solcher belassen wird, die bei diesen Untersuchungen durch keinerlei wissenschaftliches Interesse, sondern nur durch ein Herzensinteresse an der Bewährung der Geisterrealität geleitet werden.

Ohne Zweifel hat man es bei den Medien mit abnormen, pathologischen Naturen und Erscheinungen zu thun, und muss sich klar machen, dass das Heranbilden von Medien und die Veranlassung derselben zu Sitzungen einen schädlichen Einfluss auf deren körperliche und geistige Gesundheit hat. Wäre das Gebiet der mediumistischen Erscheinungen von berufenen Autoritäten zur Genüge durchforscht, so müsste dieser Umstand hinreichen, um von jeder unnützen Wiederholung solcher Versuche abzumahnen. Aber dieses Gebiet ist bis jetzt noch so wenig durchforscht und klar gestellt, dass der theoretische Gewinn seiner Untersuchung grösser scheint, als der Schaden, welcher für Einzelne aus der Untersuchung erwachsen kann. Es ist ferner zu berücksichtigen, dass in berufenen Händen die Medien viel besser aufgehoben sein werden, als in denen von Dilettanten, weil das Verständniss für den gesundheitsschädlichen Einfluss der Sitzungen auch zur humanen Schonung und ärztlichen Kontrole führt, welche bis jetzt den Medien versagt sind. Die Erscheinungen bei kräftigen Medien würden sich voraussichtlich steigern, wenn man dieselben dahin bringen könnte, nicht täglich, sondern nur wöchentlich ein bis zwei Sitzungen zu halten; sie würden dann ihre Kraft auch länger konserviren und an ihrer Gesundheit viel geringere Einbusse erleiden, vielleicht keine grössere als eine gute Natur durch Ernährung wieder auszugleichen vermag. Ebenso wie ich principiell alle öffentlichen Schaustellungen dieser Art als nicht zu duldenden Unfug verwerfe, ebenso bin ich gegen das künstliche Aufsuchen von Medien durch Sitzungen in Privatkreisen; ich halte es für genügend, diejenigen Medien zur Ausbildung zu bringen, deren hervorragende Veranlagung sich unwillkürlich manifestirt. Wenn die Regierung alle Behörden, Magistrate, Geistliche und Aerzte anwiese, über vorkommende Fälle von spukhaftem Klopfen, Rumoren, Klingeln und Steinwerfen in bestimmten Grundstücken sofort auf das unbewusste Medium zu fahnden und Anzeige zu erstatten, so würde in wenigen Jahren ein ausreichendes Material von Medien zur Verfügung stehen.

Wer sich einen raschen Ueberblick über das

Gebiet verschaffen will, dürfte am besten thun, die sorgfältig und übersichtlich gearbeitete Schrift von W. Schneider: „Der neuere Geisterglaube" (Paderborn bei Schöning 1882) zur Hand zu nehmen, wenngleich der völlig mittelalterliche Dämonenglaube des katholischen Verfassers den Umstand ausser Acht lässt, dass die Heiligen und die frömmsten Söhne und Töchter der Kirche formell genau dieselben Erscheinungen zu Tage gefördert haben, wie die angeblich mit satanischer Hilfe operirenden Hexen, Geisterbanner und Spiritisten. Dass die Spiritisten um ihrer bösen Lust willen eigentlich heute noch so von der Kirche bestraft und ausgerottet werden müssten, wie dereinst die Zauberer und Hexen, ist die gut katholische, wenn auch unausgesprochene Schlussfolgerung dieses Buches von 430 Seiten. Wer sich eingehender mit dem Gegenstand vertraut machen will, dem empfehle ich die Monatsschrift „Psychische Studien", welche ein Archiv alles Wissenswerthen aus der neuesten Phase des Spiritismus darstellt. In diesem Journal findet der Leser auch alle wichtigeren Berichte von Zöllner und Hellenbach abgedruckt, so wie die Schrift von Cox über die psychische Kraft, so dass diese Zeitschrift mit Ausnahme der ersten grundlegenden Versuche von Crookes ebensowohl alles nöthige Material wie auch die Diskussion der verschiedenen Hypothesen vereinigt.

Was die deutsche Philosophie bisher pro und contra über die Sache vorgebracht hat, ist höchst dürftig. Abgesehen von den schon erwähnten Schriften Hellenbachs sind zunächst die inzwischen verstorbenen drei theistischen Philosophen J. H Fichte, Ulrici und Franz Hoffmann zu nennen, welche mit Sang und Klang ins spiritistische Lager übergegangen sind, um von den vermeintlichen Beweisen der Spiritisten für die Unsterblichkeit der Seele Nutzen zu ziehen. Wundt hat eine kleine antispiritistische Brochure veröffentlicht, die gar nicht in die Diskussion der Sache selbst eingreift, sondern vom Aufklärungsstandpunkt aus über die Probleme a priori abspricht. Vom darwinistischen Standpunkte aus hat Fritz Schultze theils auf die „Confessions of a Medium", theils auf die oben erwähnte Schneidersche Schrift gestützt, über das Ganze den

Stab gebrochen in seiner Schrift „Die Grundgedanken des Spiritismus und die Kritik derselben" (Leipzig, bei Günther 1883); von den drei Vorträgen beschäftigt sich nur der erste (S. 3—130) mit dem modernen Spiritismus, und in diesem ist wiederum nur der siebente Abschnitt beachtenswerth, welcher einen blossen Auszug aus den „Confessions of a Medium" bietet, während die im achten Abschnitt an die Zöllnerschen Berichte angelegte Kritik unzulänglich und oberflächlich ist.

Als der Besonnensten einer zeigt sich der verstorbene Schopenhaueriana Julius Frauenstädt in seiner Kritik der „wissenschaftlichen Ansicht des Uebernatürlichen" von Wallace in der Sonntagsbeilage der „Voss. Ztg." 1874 No. 41 fg. Beachtenswerth als ein Hinweis auf die nahen Beziehungen zwischen den älteren Versuchen und Hypothesen Reichenbachs und den mediumistischen Erscheinungen ist auch die Brochure von Leeser „Herr Professor Wundt und der Spiritismus", 2. Aufl., Leipzig 1879.

Ich bin, wie gesagt, ausser Stande, über die Realität der ungewöhnlichen Erscheinungen ein Urtheil abzugeben, halte aber die bis jetzt vorliegenden Zeugnisse der Geschichte und der Zeitgenossen in ihrem Zusammenhange für eine ausreichende Beglaubigung der Annahme, dass es im menschlichen Organismus noch mehr Kräfte und Anlagen giebt, als die bisherige exakte Wissenschaft erforscht und ergründet hat, und für eine hinlänglich dringende Aufforderung an die Wissenschaft, in die exakte Untersuchung dieses Erscheinungsgebietes einzutreten. Dagegen halte ich mich allerdings für zuständig, ein bedingungsweise geltendes Urtheil über die aus diesen Erscheinungen im Falle ihrer Realität zu ziehenden Schlussfolgerungen abzugeben, denn diess ist recht eigentlich die Aufgabe des Philosophen, während er das thatsächliche Material seiner Schlussfolgerungen und Induktionen sich von den exakten Wissenschaften liefern lassen muss. Ich glaube, dass grade auf diesem Erscheinungsgebiete, wo gewisse Hallucinationen für das Medium fast die unentbehrliche Bedingung für das Zustandebringen gewisser Phänomene zu sein scheinen, und die Anwesenden mehr oder weniger unter dem magnetischen Einfluss des Mediums und unter der Ansteckung seiner Hallucinationen stehen, die vollständige Unbefangenheit des Urtheils durch häufige Theilnahme an mediumistischen Sitzungen mit psychologischer Nothwendigkeit beeinträchtigt wird, dass es für die durch häufige Sitzungen unter die Macht der Medien und ihrer Hallucinationen gerathenen Forscher sehr schwer, für die Medien selbst aber fast unmöglich sein muss, die aus den Erscheinungen zu ziehenden theoretischen Schlussfolgerungen unabhängig von dem fälschenden Eindruck der durchlebten Hallucinationen zu halten, und dass deshalb in Bezug auf die eventuellen Konsequenzen der fraglichen Erscheinungen ein konditional aus seiner Studirstube urtheilender Denker verhältnissmässig grössere Bürgschaft für Unbefangenheit gewährt.

Im Ganzen thut der Philosoph wohl daran, mit dem Ziehen der Schlussfolgerungen zu warten, bis das exakte Thatsachenmaterial ihm in ziemlich zweifelfreier und unbestrittener Gestalt vorliegt; wo aber die Vertreter der exakten Wissenschaft grade deshalb Bedenken tragen, sich mit der Untersuchung eines bestimmten Erscheinungsgebietes zu befassen, weil sie die Folgerungen scheuen, welche fast allgemein von Freunden und Gegnern der Sache als unabweislich angesehen werden, da muss es als ein dem Erkenntnissfortschritt geleisteter Dienst erscheinen, wenn die philosophische Kritik diese hemmenden Vorurtheile zersetzt und auflöst und damit erst der unbefangenen wissenschaftlichen Forschung die Bahn frei macht. Sobald die Vertreter der exakten Wissenschaft das Vertrauen gewinnen, dass der Nimbus des Uebernatürlichen, den der Aberglaube um dieses Gebiet gewoben hat, ein vor der Kritik unstichhaltiges Vorurtheil ist, wird sie nichts mehr an dem Eintritt in die Untersuchung desselben hindern. Sobald aber erst dieses allem Wunderglauben und Aberglauben zur Grundlage dienende Erscheinungsgebiet wissenschaftlich durchforscht und natürlich erklärt sein wird, muss es nothwendig die Kraft verlieren, den Wunderglauben und Aberglauben zu nähren und zu kräftigen, der von der

Aufklärung nur erst gewaltsam und äusserlich unterdrückt, aber nicht innerlich überwunden ist. Es würde zu ermüdenden Wiederholungen führen, wenn ich bei jeder angeführten Erscheinung auf den Vorbehalt zurückkommen wollte, dass ich dieselbe nur bedingungsweise, d. h. für den Fall ihrer Realität, erörtere, und dass ich für die Realität derselben keinerlei Bürgschaft leisten kann und will; ich bitte daher, dieser Verwahrung, die hier ein für allemal ausgesprochen wird, in dem Folgenden durchweg eingedenk zu bleiben. Zugleich bemerke ich, dass es im engen Rahmen einer Brochure unmöglich sein würde, die genauere Bekanntschaft mit den fraglichen Erscheinungen zu vermitteln, und dass hierzu ein umfangreicher Band erforderlich wäre. Ich muss mich schon aus räumlichen Rücksichten darauf beschränken, einige typische Formen von Erscheinungen der Erörterung zu Grunde zu legen und im Uebrigen auf die Quellen verweisen.

2. Die physikalischen Erscheinungen.

Wenn man verschiedene Personen prüft in Betreff des Maasses, in welchem ihr bewusster Wille ihre willkürlichen (quergestreiften) Muskeln in der Gewalt hat, so erhält man sehr verschiedene Resultate. Niemand ist im Stande, alle unwillkürlichen Muskelbewegungen mehrere Minuten hindurch ganz zu unterdrücken; bei normalen Menschen aber schwanken diese unwillkürlichen Bewegungen um eine vom bewussten Willen vorgezeichnete Mitte, und entfernen sich nicht allzuweit und nicht dauernd von dieser. Anders bei einer Minderzahl von Personen, bei denen die Abweichungen von der beabsichtigten Haltung und Stellung mit der Zeit beträchtlicher werden und endlich zu ganz bedeutenden kombinirten Bewegungen ganz verschiedener Art führen. Lässt man z. B. jemand einen Faden mit daran geknüpftem Gewicht mit ausgestrecktem Arm über einen Maassstab halten, so zeigen sich bei abnormen

Naturen bald bedeutende unwillkürliche Abweichungen des Gewichtes von der bezeichneten Stelle. Die Physiologie lehrt, dass solche unwillkürlichen Muskelbewegungen nicht von denjenigen Theilen der Grosshirnrinde ausgehen, in welchen der bewusste Wille seinen Sitz hat, sondern von mittleren Hirntheilen, dass bei normalen Naturen die reflexhemmende Kraft des Grosshirns ausreicht, um solche Bewegungen in praktisch bedeutungslose Schranken zu bannen, dass aber bei abnormen Naturen die relative Selbstständigkeit der mittleren Hirntheile gegen den Träger des bewussten Willens einen bedeutenden Grad erreichen kann.

Indem die Thätigkeit dieser mittleren Hirntheile für gewöhnlich nur einen vorbereitenden oder ausführenden Werth hat und deshalb der Regel nach für das menschliche Selbstbewusstsein unbewusst bleibt, haben wir es hier mit einer relativ unbewussten Gehirnthätigkeit zu thun, deren Resultate sich durch unwillkürliche Muskelbewegungen äussern. Insofern auch diesen mittleren Hirntheilen noch Gedächtniss, Intelligenz und Begehrungen zukommen, können die Ergebnisse der von ihnen erzeugten unwillkürlichen Muskelthätigkeit sehr wohl den Eindruck machen, aus einer intelligenten und gemüthvollen Persönlichkeit hervorzugehen, trotzdem das wache Selbstbewusstsein der Person, welche diese Bewegungen vollzieht, von seiner dieselben verursachenden unbewussten Gehirnthätigkeit nichts weiss. Ja sogar, die betreffende Person braucht nicht einmal ihre unwillkürliche Muskelthätigkeit zu empfinden, kann also mit gutem Gewissen leugnen, der geistige Urheber und der körperliche Vermittler der eintretenden Erscheinungen zu sein und kann doch in beiderlei Hinsicht deren alleinige Ursache sein. Diese Theorie der unwillkürlichen Muskelthätigkeit und unbewussten Gehirnthätigkeit ist zuerst von dem englischen Physiologen Carpenter aufgestellt und näher entwickelt,*) und darf gegenwärtig als ziemlich allgemein anerkannt gelten. Carpenter hat nur den Fehler begangen, seine Theorie für eine erschöpfende Erklärung aller mediumistischen Erscheinungen zu halten

---

*) Psych. Stud. I, S. 174, 218, 269, 316, 363, 462, 509 u. fg.

und die Forscher, welche, wie Crookes, diesen Anspruch widerlegten, in illoyaler Weise zu bekämpfen.

Wenn sich mehrere Personen im Dunkeln in gespannter Erwartung mit aufgelegten Händen um einen Tisch setzen, so wird häufig die eine oder die andre derselben eine abnorme Natur in dem Sinne sein, dass sie nach einiger Zeit unwillkürliche Muskelthätigkeit entwickelt und den Tisch bewegt, obwohl sie darauf schwören kann, dass sie ihn nicht hat bewegen wollen und nichts von unwillkürlichen Muskelbewegungen ihrer Arme und Hände gespürt hat. Will man dahinter kommen, wer die Person im Kreise ist, so hat man nur nöthig, den Tisch anzureden und ihm vorzuschlagen, dass einmaliges Klopfen Nein, zweimaliges Ungewissheit und dreimaliges Klopfen Ja bedeuten solle. Hat der Tisch dieser Verabredung durch dreimaliges Klopfen zugestimmt, so fragt man denselben weiter, ob A, ob B, ob C das Medium sei, bis man statt der verneinenden eine bejahende Klopfantwort erhält. Dann thut man gut, weiter zu fragen, ob die Reihenfolge der Theilnehmer für das Zustandekommen der Erscheinungen günstig sei, oder wie sie geändert werden müsse, um das Medium von störenden Einflüssen zu befreien, oder ob ein störendes Mitglied aus dem Kreise ausscheiden solle. In den Antworten spiegelt sich die unbewusste Antipathie und Sympathie des Mediums mit den übrigen Anwesenden, und die Erscheinungen werden nach Befolgung dieser Anweisungen um vieles deutlicher. Man kann alsdann dazu übergehen, das Alphabet abklopfen zu lassen, d. h. die Gruppenziffer von Klopfstössen als Ordnungszahl eines Buchstabens im Alphabet zu deuten, und dadurch freilich in sehr umständlicher Weise jede Unterhaltung mit den unbewusst fungirenden Hirntheilen des Mediums zu führen.

Schneller geht die Unterhaltung von Statten, wenn man die unwillkürliche Arm- oder Handbewegung gleich zum Aufzeigen der Buchstaben verwerthet, z. B. den Faden mit Gewicht über einem im Kreise aufgezeichneten Alphabet hängen lässt,*) oder den unwillkür-

---

*) Ganz ähnlich den Bewegungen eines solchen hängenden Fadens ist in ihrer Entstehung die Bewegung der Wünschelruthe, nur dass die

lichen Druck auf die Unterlage der Hand auf einen Zeiger überträgt, der sich über einer Scheibe mit Alphabet dreht, oder auf eine drehbare Scheibe mit festem Zeiger. In jedem Falle müssen die unbewusst fungirenden Hirntheile des Mediums sich erst auf die gestellten Bedingungen einüben, und machen vor erlangter Uebung viele Buchstabirfehler, zu deren Berichtigung grosse Geduld gehört.

Noch schneller als mit solchen sogenannten „Psychographen" oder „Spiritoskopen" geht die Unterhaltung, wenn das Medium direkt mit Feder oder Stift schreibt. Dieses unwillkürliche Schreiben ist bei Irren häufig konstatirt; tritt es bei gesunden Personen ein, so nennt man dieselben „Schreibmedien". Oft sind die Schreibmedien nur mit der linken Hand im Stande, unwillkürliche Schrift hervorzubringen, und diese ist dann meist Spiegelschrift. Manche liefern auch mit der rechten Hand Spiegelschrift, wenn sie unwillkürlich schreiben. Bei den meisten zeigt die unwillkürliche Handschrift eine von ihrer gewöhnlichen abweichende Physiognomie, und manchmal ähnelt dieselbe der Handschrift derjenigen Personen, als deren Kundgebung der Inhalt des Geschriebenen sich darbietet. Das unwillkürliche Schreiben findet häufig bei vollem Bewusstsein, mitten in einer munteren Unterhaltung statt, und anscheinend so mechanisch und gedankenlos, wie ein inhaltloses Fingerspiel. Zur Unterhaltung ist es weniger geeignet als die Klopfsprache oder die Benutzung des Psychographen, weil es mehr seinen eigenen Launen und träumerischen Bahnen folgt, und absichtlichen Täuschungen den breitesten Spielraum gewährt.

Neben dem unwillkürlichen Schreiben ist hier noch gleich das unwillkürliche Sprechen zu erwähnen,

---

letztere nicht zum Aufzeigen von Buchstaben sondern zum Sichtbarmachen der sensitiven Empfindungen niederer Nervencentra durch unwillkürliche Muskelreflexe benutzt wird, insbesondere zum Sichtbarmachen der dunkeln unklaren Empfindungen, welche in Sensitiven durch die Nähe von Wasser oder Metallen erregt wird. Das Problem der Wünschelruthe, welche bei Quellensuchern (Ps. St. VI, 483—486) und Schatzgräbern eine so wichtige Rolle spielt, ist bereits durch Reichenbach (in seinem Werk „Der sensitive Mensch") endgültig gelöst.

das jedoch meist nur bei Bewusstlosigkeit des wachen Menschen, also in einem Zustande der Verzückung oder Ekstase (Trance) vorkommt. Sowohl auswendig gelernte Reden und Dichtungen werden in dieser Weise recitirt, als auch freie Vorträge und Predigten gehalten meist über religiöse oder sonst dem Herzen wichtige Gegenstände mehr idealen Gehalts. Das „Zungenreden" der ersten Christengemeinden ist nur als unwillkürliches Sprechen in einer religiös motivirten Ekstase zu verstehen. Die Sprachmuskeln werden hierbei ebenso wie beim Schreiben die Handmuskeln durch unbewusste Gehirnthätigkeit mittlerer Centralorgane innervirt, und die Stimme nimmt hierbei ebenso wie dort die Handschrift einen veränderten Klang und Tonfall an, der sich dem Stimmklang einer bestimmten Person annähert, wenn das Medium die Illusion hat, dass diese Person aus ihm spreche.

Bei den Sprechmedien ist es ganz klar, dass man mit einem sonnambulen Zustande*) zu thun hat, dessen Auftreten durch psychische Erregung bedingt ist; bei den Schreibmedien kann während des Schreibens ein für die Aussenwelt unempfindlicher Trance-Zustand ohne waches Bewusstsein und Selbstbewusstsein bestehen, es kann aber auch das wache Bewusstsein anscheinend ungestört fortbestehen und und sich in munterer Unterhaltung bethätigen, während gleichzeitig die unbewusste Thätigkeit der mittleren Hirntheile das unwillkürliche Schreiben bewirkt. Hier sind nnn zwei Fälle möglich: entweder die fragliche unbewusste Hirnthätigkeit ist ein absolut unbewusster, rein materieller Vorgang, der vorgezeichnete mechanische Bahnen verfolgt und nur darum in seinem Ergebniss den Schein bewusster Intelligenz hervorruft, weil die mechanisch durchlaufenen Bahnen in früheren Fällen durch relativ bewusste psychische Thätigkeit geebnet und vorgezeichnet sind, oder aber es besteht neben und hinter dem wachen Bewusstsein ein sonnambules Bewusstsein, welches diese mechanischen materiellen

---

*) Vgl. meinen Aufsatz „Der Sonnambulismus" (in „Nord und Süd" 1885), welcher die Ergänzung zu dieser Schrift bildet.

Hirnprocesse begleitet und mit wirklicher Intelligenz durchleuchtet. Wenn das unwillkürliche Schreiben nur Auswendiggelerntes wiedergäbe, oder Bruchstücke von Gedächtnissmaterial in zufälliger, intelligenzloser Weise verknüpfte, so würde die erste Seite der Alternative ausreichend sein und als die einfachere Annahme den Vorzug verdienen. Da aber bis zu einem gewissen Grade das Walten einer productiven Phantasie und einer ordnenden Intelligenz in diesen Productionen unverkennbar ist, so wird man sich für das Zusammenbestehen zweier Bewusstseine in verschiedenen Hirntheilen entscheiden müssen. Diese Erscheinung werden wir also zwar Sonnambulismus nennen müssen, aber larvirten, d. h. für den Draussenstehenden durch die Fortdauer des wachen Bewusstseins verhüllten, verschleierten und unkenntlich gemachten Sonnambulismus. Dieser larvirte Sonnambulismus ist als ein Uebergangszustand zwischen der Alleinherrschaft des wachen Bewusstseins und derjenigen des sonnambulen Bewusstseins zu betrachten, und kann die verschiedensten Grade in dem Helligkeitsverhältniss beider Bewusstseine durchlaufen; von dem ersten Auftauchen des sonnambulen Bewusstseins über die Schwelle, bei welchem das wache Bewusstsein noch gar nicht alterirt scheint, führt diese Stufenfolge durch halbträumerische Zustände von gestörter Besonnenheit und Zurechnungsfähigkeit (wie sie beim zweiten Gesicht vorkommen) bis zum vollen Erlöschen der Empfindung des wachen Bewusstseins hindurch.*)

Was wir bisher mit Carpenter unconscious cerebration nannten, können wir also ebenso gut sonnam-

---

*) Dieser larvirte Sonnambulismus spielt auch bei Sehern und Mystikern eine noch nicht genug beachtete und erforschte Rolle. Je mehr die Virtuosität des zweiten Gesichtes oder der mystischen Intuition sich ausbildet, desto mehr schwindet die zuerst bestehende Nothwendigkeit, dass das normale Bewusstsein erlösche, damit der ekstatische Zustand eintreten könne, und von einem gewissen Grade der Virtuosität an beherrschen die Seher und Mystiker den Eintritt des ekstatischen Schauens derart, dass er mit dem normalen Bewusstsein zugleich und in Wechselwirkung besteht. Bei Andrew Jackson Davis z. B. sind die Perioden des offnen und larvirten Sonnambulismus als aufeinander folgende Abschnitte seiner Laufbahn zu verfolgen.

bule Bewusstseinsthätigkeit nennen, und behaupten, dass die unwillkürlichen Muskelbewegungen der Medien, insoweit sie durch ihre Ergebnisse eine mitwirkende Intelligenz verrathen, durch sonnambule Bewusstseinsthätigkeit verursacht und geleitet sind, sei es, dass dieses sonnambule Bewusstsein durch Erlöschen des wachen Bewusstseins für die Draussenstehenden zu Tage trete, sei es, dass es durch Fortbestand des wachen Bewusstseins larvirt sei. Unter einem Medium werden wir ein Individuum zu verstehen haben, welches von selbst durch zufällige oder durch selbstgesetzte psychische Erregungen in offenkundigen oder larvirten Sonnambulismus verfällt. In offenkundigen Sonnambulismus pflegen die Medien zu verfallen: erstens beim unwillkürlichen Sprechen, zweitens zur Produktion von physikalischen Erscheinungen, welche eine ganz besondere Anspannung von Nervenkraft erfordern, und drittens zur Einpflanzung von Hallucinationen in die Anwesenden, wozu eine besondere Intensität der Hallucinationen in den Medien selbst Vorbedingung zu sein scheint. Die meisten der übrigen Erscheinungen vollziehen sich im Zustande eines larvirten Sonnambulismus, und grade dieser Zustand ist es, der sowohl die unkundigen Zuschauer, wie auch die Medien selbst über die Ursachen der Erscheinungen am allerleichtesten in Täuschungen wiegt. Darum ist das Verständniss des larvirten Sonnambulismus der Schlüssel zum ganzen Gebiete der mediumistischen Erscheinungen.

Charakteristisch für die Medien ist ferner, dass sie Autosonnambule sind, d. h. dass sie ohne den Einfluss eines Magnetiseurs und ohne Benutzung mechanischer Hilfsmittel, also unter blosser Anwendung psychischer Hilfen, sich in den (gleichviel ob larvirten oder offenkundigen) Sonnambulismus versetzen. Diese Selbstversetzung in Sonnambulismus zur verlangten Zeit ist es grade, welche beträchtliche Uebung erfordert, ehe sie mit einiger Sicherheit auf den Wunsch fremder Leute zu Gebote steht, und sie ist es auch, die am leichtesten versagt und Fehlsitzungen herbeiführt. Die Untersuchungen Fahnestocks haben gezeigt, dass in jedem Menschen die Fähigkeit schlummert, sich durch bloss psychische Hilfsmittel willkürlich in Autosonnambulismus zu versetzen, und dass viele Menschen durch Uebung dahin gelangen können, diesen Uebergang zu jeder Zeit ziemlich schnell zu bewirken. Sie haben ferner gezeigt, dass man sich aus diesem Zustande durch blosse Willenskraft willkürlich aufwecken kann, dass man aber auch die Aufweckung willkürlich nur für gewisse Körpertheile (z. B. bloss den Kopf, oder bloss den Oberkörper, oder bloss den Kopf und eine Körperhälfte) vollziehen kann, ja sogar dass man den ganzen Körper mit Ausnahme eines einzigen Gliedes aus dem sonnambulen Zustand erwecken kann.*)

Die Wirkung ist in solchem Falle die, dass das wache Bewusstsein wieder funktionirt und sein bewusster Wille die Herrschaft über die erweckten Körpertheile wieder antritt, dass aber die noch nicht erweckten Körpertheile der Herrschaft des bewussten Willens nach wie vor entrückt und ausschliesslich der Herrschaft des sonnambulen Bewusstseins unterworfen bleiben, während sie bei dem Mangel jeglichen Impulses aus den sonnambulen Hirntheilen kataleptisch erscheinen. Diese merkwürdige Erscheinung des lokalbeschränkten oder lokalaufgehobenen Hynotismus findet in den neuesten französischen Forschungen über den Sonnambulismus ihre Bestätigung. Die Uebung führt nach Fahnestock endlich dahin, dass man einzelne Körpertheile direkt dem bewussten Willen und der bewussten Empfindung entrücken und in einen an sich kataleptischen, thatsächlich aber für jeden Innervationsimpuls des sonnambulen Bewusstseins empfänglichen und willfährigen Zustand versetzen kann, In diesem Zustand, der sich durch Abnahme der Hauttemperatur des betreffenden Gliedes erkennbar macht, hört jede Konkurrenz zwischen den Innervationsimpulsen der sonnambulen Hirntheile und den Reflexhemmungen und Willkürakten des wachen Bewusstseins auf, so dass das betreffende Glied allein und ausschliesslich den sonnambulen Impulsen dienstbar ist.

Dieser Zustand lokaler Katalepsie für das wache

---

*) Statuvolence oder der gewollte Zustand von Dr. med. Wm. Baker Fahnestock, deutsch von Wittig (Leipzig bei Mutze 1883). Psych. Stud. X, S. 115—120, 169, 173, 204.

Bewusstsein kann um so leichter eintreten, wenn ohnehin schon ein allgemeiner Zustand des larvirten Sonnambulismus besteht, den Fahnestock nicht kennt; solche lokale Katalepsie und Empfindungslosigkeit muss aber für das Medium selbst die Täuschung zu einer vollständigen machen, dass die Verrichtungen, welche es auf Grund sonnambuler Innervationsimpulse mit diesem Gliede vollzieht, durchaus nicht von ihm vollzogen seien. Es ist eine immer wiederkehrende Beobachtung, dass die Hand eines Mediums, welche durch noch unerforschte Nervenkräfte ungewöhnliche Erscheinungen hervorbringt (z. B. fernwirkende Schrift ohne Berührung des schreibenden Stiftes), kühl wird, und dass das Kühlwerden regelmässig dem Beginn der Erscheinungen unmittelbar vorhergeht (Ps. St. XI, 498). Bei ganz besonderen Erscheinungen, z. B. dem Durchdringen des Armes des Mediums durch einen eisernen Ring, wird berichtet, dass die Hände des Mediums so kalt geworden seien, wie die einer auf Eis gelegten Leiche (Ps. St. III, 55).

Dabei ist aber der Uebergang eines Gliedes in den kataleptischen oder hypnotischen Zustand bei Medien als eine nicht durch Willkür bedingte, sondern unwillkürlich im Hinblick auf das Ziel des sonnambulen Bewusstseins herbeigeführte Erscheinung anzusehen. Das wache Bewusstsein und sein bewusster Wille giebt dem Medium nur erstens den Impuls, sich in den larvirten oder offenen Sonnambulismus zu versetzen, und zweitens die allgemeine Direktive, welche Art von Erscheinungen gewünscht und erwartet wird; das in Thätigkeit gesetzte sonnambule Bewusstsein berücksichtigt wohl bis zu einem gewissen Grade diese Wünsche und Direktive, oft aber auch gar nicht, und selbst da, wo es denselben Rechnung trägt, pflegt doch gewöhnlich ein etwas andres Ergebniss als das erwartete einzutreten, das dann meist hinter den Erwartungen zurückbleibt, manchmal aber auch dieselben überflügelt. Wie das sonnambule Bewusstsein des Mediums es anfängt, die Ziele, welche es sich mit oder ohne Berücksichtigung der Wünsche des wachen Bewusstseins steckt, zur Ausführung zu bringen, d. h. wie es zur Herrschaft über die unwillkürliche Muskelthätigkeit und die noch unerforschten Kräfte des Organismus gelangt, davon wissen wir noch ebenso wenig, als wie der bewusste Wille es anfängt, zur Herrschaft über die willkürlichen Muskelbewegungen und den thierischen Magnetismus zu gelangen. Sicher ist, dass auch hier die Uebung einen grossen Einfluss hat, dass aber auch andrerseits bei völlig ungeübten Medien ganz unwillkürlich die überraschendsten Erscheinungen eintreten können, bei welchen die Medien selbst gar keinen Zusammenhang mit ihrer Person ahnen.

Ein universelles Medium muss mehr sein als ein Autosonnambuler, es muss zugleich ein kräftiger Magnetiseur sein. Es giebt starke Magnetiseure, die selbst keine Anlage zum Sonnambulismus haben, solche heissen dann nicht Medien, weil ihr sonnambules Bewusstsein von ihrem bewussten Willen niemals so weit befreit wird, dass es zur Produktion mediumistischer Leistungen gelangt. Ihre Wirkungen beschränkten sich dann darauf, andere Personen lokal oder total zu magnetisiren und im letzteren Falle sonnambul zu machen; aber es ist die Frage, ob man nicht auch ihren bewussten Willen dazu erziehen könnte, ihre magnetische Kraft auf andere als lebende Objekte zu richten, und ob es nicht auf diese Weise gelingen würde, wenigstens einen Theil der mediumistischen Erscheinungen mit bewusstem Willen hervorzubringen. Dabei kann es sich natürlich nicht um die bisher besprochenen Wirkungen unwillkürlicher Muskelthätigkeit handeln, sondern um ein anderes Gebiet physikalischer Erscheinungen, deren Versuchsbedingungen so eingerichtet sein müssen, dass die Mitwirkung unwillkürlicher Muskelthätigkeit zweifellos ausgeschlossen bleibt.

Als das Grundphänomen dieses Gebietes betrachte ich folgendes. Aus zwei Kugeln von Lindenholz von je 7 cm Durchmesser, einem dünnen Stäbchen von 30 cm Länge und einem Pferdehaar konstruirte sich Dr. R. Friese in Breslau eine horizontale Drehwaage. Nähert ein Medium von kräftiger physikalischer Wirkungsfähigkeit die Fingerspitzen einer Hand einer der beiden Kugeln, so findet eine, allerdinds ausserordentlich geringe Abstossung statt. Hat jedoch das

Medium die betreffende Kugel vorher eine Minute mit
der Hand umschlossen oder auch nur angehaucht, so
findet zwischen der Hand und der Kugel nunmehr
eine Anziehung statt, die viel kräftiger ist als vorher
die Abstossung, so dass es leicht ist, die Kugel langsam im Kreise herumzuziehen (Ps. St. VIII, 381). Diese
Versuche müssten zunächst von Anderen wiederholt
und erweitert werden, insbesondere das Verhalten
zweier in der Hand gehaltenen Kugeln von verschiedenen Drehwaagen gegen einander beobachtet werden.
Die Versuche sind nur so zu deuten, dass die Hand
des Mediums mit einer Kraft geladen ist, welche auf
die neutrale, d. h. ungeladene Holzkugel abstossend
wirkt, auf die gleichnamig geladene aber in weit
höherem Grade anziehend. Dieses Verhalten ist analog
aber umgekehrt wie bei der Reibungselektricität und
dem Magnetismus.

Die Verwandtschaft der fraglichen Kraft mit der
Reibungselektricität zeigt sich unter andern auch in
der Abhängigkeit beider von dem Feuchtigkeitsgehalt
der Luft und in der von Reichenbach, Fechner,[*] Zöllner
und vielen andern konstatirten Fähigkeit der Medien
zur stürmischen Beunruhigung der eingeschlossenen
Magnetnadel ohne Berührung. Ein Magnetiseur besitzt
die Fähigkeit, einen Menschen derart zu laden, dass
zwischen ihm und dem metallenen Bettgestell, von dem
er durch eine wollene Decke isolirt ist, bei zufälliger
Annäherung eines Körpertheiles kräftige Funkentladung stattfindet; diess habe ich an mir selbst unter
vorsichtiger Prüfung des Magnetiseurs und seiner Umgebung konstatirt,[**]) und lasse dahin gestellt, ob es
sich dabei um explosive Ausgleichungen der mediumistischen Nervenkraft selbst, oder um vorherige Umwandlung dieser Kraft in Elektricität handelt. Elektrisches Knistern ist eine der gewöhnlichsten und
häufigsten Erscheinungen bei mediumistischen Sitzungen.
Die nächste Aufgabe des Experiments müsste sein, das

---

[*]) „Erinnerungen an die letzten Tage der Odlehre und ihres Urhebers" (Leipzig bei Breitkopf & Härtel, 1876).
[**]) Phil. d. Unb. 1. Aufl., S. 132—133; 9. Aufl., Bd. I, S. 151
bis 152.

Verhalten der fraglichen Kraft erstens zu den Polen frei aufgehängter grosser Stabmagneten, zweitens zu dem Elektroskop, drittens zu den freischwebenden beweglichen Drähten, die von galvanischen Strömen durchflossen sind, und viertens zur Stromstärke galvanischer Ströme in festen Leitungen zu untersuchen, und es ist gradezu unbegreiflich und das schlimmste Zeichen für die wissenschaftlichen Interessen der Spiritisten, dass noch niemand auch nur den Versuch gemacht hat, diesen Fragen näher zu treten.

Eine grosse Zahl der mediumistischen Erscheinungen beschränkt sich auf das Hinrutschen der Gegenstände zum Medium. Das Abgestossenwerden der Objekte soll auch vorkommen, aber viel seltener sein. Cox sah das erstere niemals, das letztere sehr häufig und hat es recht anschaulich beschrieben. Er vergleicht die Bewegungsart der Objekte mit derjenigen von Stahlstücken, die auf einer Ebene von einem Magneten angezogen werden: „Zuerst erheben sie sich ein wenig, fallen nieder, bewegen sich vorwärts, halten an, bis sie sich innerhalb des Einflusses der magnetischen Kraft befinden, und dann hüpfen sie zum Magneten (resp. Medium) mit einem plötzlichen Sprung" (Ps. St. X, 127—128). Stühle sah er in dieser Weise von 6 bis 10 Fuss Entfernung auf das Medium zurutschen, Armstühle und Sophas 2—3 Fuss fortrücken; einmal sah er einen 14 Fuss entfernten schweren Armstuhl an das Medium herankommen. Je kräftiger ein Medium ist, desto grösser ist die Sphäre seiner Wirksamkeit, aber immer ist sie begrenzt, und die zu überwindenden Schwierigkeiten sind nicht proportional der Grösse, sondern dem Gewicht den Gegenstände. Die Frage ist dabei, wie das Medium es anfängt, einen bestimmten entfernten Gegenstand mit seiner Kraft zu laden; welche Wege schlägt die Kraftübertragung ein und mit welchen Mitteln wird sie geleitet? Auch hier könnten Experimente (Isolirung des Mediums vom Fussboden, Zwischenstellung verschiedener Stoffe zwischen Medium und anzuziehendes Objekt u. s. w.) Aufschluss geben.

Dass es sich hierbei weder um Muskelthätigkeit noch um unmittelbare geistige Einwirkung des Mediums auf die materiellen Objekte handeln kann, sondern nur um eine physikalische Kraft, welche unter psychischer Anregung durch das Nervensystem des Mediums producirt wird, ist klar. Es scheint deshalb unverständlich, warum Cox dieser Kraft die irreleitende Benennung „psychische Kraft" statt „Nervenkraft" gegeben hat, da er selbst sie ausdrücklich für eine physikalische (also nicht psychische Kraft) erklärt, die er durch die Bezeichnung „psychische Kraft" nur von der Muskelkraft unterscheiden wolle (Ps. St. X. 213—214).

Einen weitergehenden Einfluss als blosse Abstossung und Anziehung zwischen Medium und Objekten zeigt die Nervenkraft des Mediums, indem sie das dynamische Verhältniss zwischen den Objekten und der Erde verändert. Wie vorher die Drehwaage, hat hier die Waage das Grundphänomen zu konstatiren, und hat sich dabei Crookes und die meisten anderen Experimentatoren der Federwaage bedient. Es ist die Frage, ob nicht für freie Versuche die Schaalenwaage oder Hebelwaage den Vorzug verdiente, um zunächst festzustellen, ob und in welchem Maasse kleinere Holzkugeln durch Laden mit mediumistischer Nervenkraft ihr Gewicht verändern können. Sehr empfehlenswerth ist es, bei allen Versuchen, wie Crookes es gethan hat, selbstregistrirende Apparate an den Waagen anzubringen, weil nur die bleibende mechanische Aufzeichnung des Apparates selbst gegen den Verdacht sicher stellt, dass der Ablesende unter dem Einfluss einer ihm vom Medium eingepflanzten Hallucination gestanden habe. Um den Einfluss unwillkürlicher Muskelthätigkeit auszuschliessen, hat Crookes zwei ineinandertauchende Wassergefässe über dem festen Drehpunkt des Brettes angebracht, dessen Ende von der Federwaage getragen wurde, und hat das Medium seine Hand in das Wasser des obersten, festen Gefässes tauchen lassen.*) Andre haben einen Tisch an der Drehwaage aufgehängt und die Hände des oder der Medien, welche auf umgedrehten Stühlen knieen mussten, in einiger Entfernung vom Tisch halten lassen. So sah Cox das Gewicht eines 8 Pfd.

---

*) Crookes: „Der Spiritualismus und die Wissenschaft." S. 86—99.

schweren Tisches zwischen 5 und 85 Pfd. schwanken, je nachdem man wünschte, dass er schwer oder leicht sei (Ps. Pt. X. 127); Chambers und Owen sahen einen 121 Pfd. schweren Tisch unter gleichen Bedingungen zwischen 60 und 144 Pfd. schwanken.*) Von indischen Fakirs wird folgende Leistung berichtet: In Blumentöpfe wird Erde geschüttet, in diese kleine Stäbchen senkrecht eingesteckt, auf diese werden durchbohrte Papierblätter geschoben; nach einigen Minuten beginnen die Blätter an den Stäbchen langsam und zitternd auf und nieder zu steigen, während der Fakir mehrere Fuss entfernt sitzt. Die Gegenstände werden vom Fakir weder mitgebracht in das Haus, in welchem er Sitzung hält, noch überhaupt berührt. Es ist eine sehr gewöhnliche Erscheinung in mediumistischen Sitzungen, dass der Tisch, mit allem was darauf ist, sich erhebt, oder dass einzelne Personen mit dem Stuhl, auf dem sie sitzen, ein Stück emporgehoben werden, entweder ohne Berührung des Mediums oder mit Berührung desselben in einer Stellung und Haltung, welche nicht geeignet ist, um derartige Erscheinungen durch Muskelthätigkeit hervorzubringen. Sonnambule im Bade zeigen bisweilen eine Gewichtsverminderung gegen ihren normalen Zustand, welche genügt, sie bei Eintauchung eines ziemlich geringen Bruchtheils ihres Körpers schwimmend zu erhalten, und die Hartnäckigkeit, mit welcher ganze Jahrhunderte an der Wasserprobe der Hexen festgehalten haben, deutet darauf hin, dass die Hexen, wenn sie aus Angst in Reflexhypnose verfielen, bisweilen eine Gewichtsverminderung erlitten. Auf eben dieser Gewichtsverminderung im ekstatischen Zustande beruht auch die „Hexenwaage" oder die direkte Gewichtsprobe, welcher die Hexen unterzogen würden. Endlich wird von Medien berichtet, welche selbst in die Luft gestiegen sind, theils in Dunkelsitzungen, wo sie etwas an die Decke schrieben, theils auch bei gedämpftem Gaslicht (Ps. St. VI, 566). Dieses Fliegen wird auch von Jamblichus, Faust, von verschiedenen Hexen und Heiligen, in besonders stark beglaubigter

---

*) Owen: „Das streitge Land", deutsch von Wittig (Leipzig, Mutze 1876) I, 109—110; Ps. St. II, 113.

Weise von dem zwei Jahre nach seinem Tode heilig gesprochenen Joseph von Copertino berichtet, der sogar zweimal eine andre Person mit in die Höhe genommen haben soll (Ps. St. IV, 241 fg.). Unter allen Umständen scheint das Emporsteigen des Mediums von einem völlig sonnambulen Zustande desselben bedingt zu sein; da dieser aber auch zur Uebertragung von Hallucinationen auf die Zuschauer der geeignetste ist, und das Emporfliegen des Mediums meist erst nach mehreren Sitzungen mit demselben Cirkel und dann erst am Schlusse der Sitzung einzutreten pflegt, wo auch die Anwesenden für Hallucinationseinpflanzung empfänglicher geworden sind, so bedarf es hier ganz besonders einer Beglaubigung der objektiven Realität der Beobachtung durch bleibende Merkzeichen.*)

Die fraglichen Erscheinungen sind nur durch eine Polarität der Nervenkraft nach Analogie der Reibungselektricität erklärbar. Handelte es sich nur um eine der Gravitation entgegenwirkende Abstossung geladener Körper gegen die Erde, so könnte man mit einer einfachen Kraft auskommen; da aber die dynamischen Beziehungen der mit Nervenkraft geladenen Körper zur Erde bald gleichgerichtet mit der Gravitation, bald derselben entgegengesetzt sind, so scheint eine doppelte Art der Ladung angenommen werden zu müssen, welche von dem sonnambulen Willen des Mediums abhängt. Man wird den Rückschluss machen dürfen, dass auch bei der Anziehung und Abstossung der Objekte durch das Medium eine doppelte Art der Ladung anzunehmen ist, da die Abstossung des Mediums gegen alle neutralen Körper die gleiche sein müsste. Die Erklärung durch eine polarische Kraft ist schon von den alten Indern aufgestellt worden, welche behaupten, dass die Aufhebung der Schwerkraft und ihre Umwandlung in eine Steigkraft durch eine Umkehrung der Polarität des Körpers zu Stande komme. Man wird hierbei daran erinnern dürfen, dass Zöllner versucht hat, die allgemeine Gravitation aus statischen Wirkungen der

---

*) Einem Somnambulen die Hallucination zu erwecken, dass der Magnetiseur im Zimmer herumfliege, ist ganz leicht (Psych. Stud. III, 536—537).

Elektricität zu erklären*) und dass bei aller Verschiedenheit der verschiedenen Naturkräfte dieselben doch zweifellos nur Ableitungen aus den gleichen Urkräften sind. Liesse man Zöllners Ansicht gelten und dächte man sich, dass die Nervenkraft den statisch-elektrischen Zustand des Körpers, von welchem seine Gravitation abhängt, veränderte, so hätte man es in der That mit einer Kraft zu thun, welche nicht bloss die Wirkung der Schwerkraft aufhöbe oder überwöge, sondern die Schwerkraft selbst vergrösserte, verkleinerte, oder negativ machte, ohne dass darum von einer Aufhebung oder Durchbrechung von Naturgesetzen die Rede sein könnte.

Die fliegenden Gegenstände verhalten sich nach Cox ähnlich wie ein kleiner Luftballon, d. h. sie verändern niemals plötzlich ihre Schwere, sondern allmählich, steigen sanft und ohne Stösse auf, und kommen ebenso zur Erde zurück, zeigen aber fortwährend leichte pendelartige Schwankungen. Tische mit brennenden Petroleumlampen haben noch niemals Schaden angerichtet, wenn sie sich erhoben, weil die Sanftheit der Bewegung und die Langsamkeit und geringe Ausschlagsweise der Pendelschwingungen keinen Anlass zum Umstürzen der Lampen geben. Ausser den Pendelschwingungen zeigen die schwebenden Objekte aber noch zitternde Bewegungen, welche aus den automatischen Curven der Crookesschen Versuche am deutlichsten ersichtlich sind, und welche mit den gleichzeitigen Pulskurven des Mediums, wie der Sphygmograph sie ergeben würde, in unverkennbarem Zusammenhange stehen. Diess ist der deutlichste Beweis, dass die Kraft wirklich vom Medium und nur von diesem ausgeht. Alle mediumistischen Erscheinungen sind ausserdem nicht konstant, sondern schwanken beständig in unregelmässigen Wellen, welche den Innervationswellen entsprechen, die vom Mittelhirn des Mediums in seinen Organismus ausströmen.

---

*) Zöllner: „Erklärung der universellen Gravitation aus den statischen Wirkungen der Elektricität uud die allgemeine Bedeutung des Weberschen Gesetzes" (Leipzig bei Staackmann 1882). Vgl. dessen „Wissenschaftliche Abhandlungen", Bd. I, No. 3.

Die Leistungen eines Mediums pflegen stärker zu werden, wenn dasselbe nicht allein ist, sondern in einem kleineren Kreise von Personen gemischten Geschlechts. Es scheint als ob ein Medium die Fähigkeit besässe, auf die Anwesenden mehr oder minder in dem Sinne einzuwirken, dass es dieselben auch zu Medien macht, d. h. sie veranlasst, unbewusster Weise Nervenkraft zu entwickeln, und dass das Medium weiterhin im Stande ist, auf die Art und Weise der Vertheilung und Verwendung der von allen Anwesenden zusammen entwickelten Nervenkraft bestimmend einzuwirken. Es bedarf einer Dauer von mehreren Minuten bis zu mehreren Viertelstunden, ehe die Ladung des Sitzungsraumes und des Mediums dasjenige Maximum erlangt hat, welches zur Hervorbringung von ungewöhnlichen Kraftleistungen erforderlich ist. Die Kraftproduktionen fallen deshalb meistens an den Schluss der Sitzungen, oder wenigstens in deren letzte Hälfte, und sie fallen desto intensiver aus, je mehr Medien, d. h. Nervenkraft entwickelnde Personen, unter den Anwesenden sind, auf deren unbewusste Mitwirkung das Hauptmedium sich stützen kann. Für schwächere Medien ist deshalb ein „Cirkel" geradezu unentbehrlich, und nur starke Medien vermögen auch allein bedeutende Wirkungen hervorzubringen; diess ist bei Experimenten mit ungeübten oder mässig veranlagten Medien wohl zu berücksichtigen.

Aus der Verbindung der anziehenden und abstossenden Wirkung mit der leichter und schwerer machenden Wirkung in denselben Objekten ergeben sich schon die mannigfachsten Erscheinungen. Die schwebenden Objekte brauchen nicht mehr zum Medium hin oder von ihm fortzurutschen, sondern fliegen zu ihm hin und von ihm fort. Dasselbe Objekt (etwa ein kleiner Tisch) kann beispielsweise am Boden entlang vom Medium fortrutschen, im fernsten Winkel des Zimmers sich erheben und dann schräg auf den Sitzungstisch herabschweben oder stürzen. Wasser erhebt sich ungesehen aus einer seitwärts stehenden Kanne und fällt als Sprühregen auf die Anwesenden herab. Immer und immer wieder ereignet es sich, dass in einem Hause zu gewissen Stunden Tage oder Wochen lang die Klingeln läuten, und trotz aller Befestigung und Umwickelung fortläuten oder heruntergerissen werden*), oder dass ein Grundstück mit Steinen, Kohlenstücken oder sonstigen herumliegenden Gegenständen förmlich bombardirt wird, ohne dass die polizeilich und privatim ausgestellten Beobachtungs-Posten dem Urheber des Unfugs auf die Spur kommen können.**) Meist stellt sich dann ein Dienstmädchen, oder ein hysterisches Frauenzimmer, oder ein Kind in den Entwickelungsjahren als diejenige Person heraus, von deren Anwesenheit im Grundstück die Erscheinung bedingt ist und in deren Nähe die Wurfstücke niederfallen. Die Behörden und Privaten haben aber von solchem Zusammenhang in der Regel keine Ahnung, und glauben eher an Gespensterspuk, als daran, dass ein Medium diesen Unfug unbewusst verübt.

Erwägt man, dass die verschiedenen Gegenstände im Sitzungszimmer und die verschiedenen Anwesenden in verschiedenem Grade geladen sind, theils durch die vom Medium bestimmte Vertheilung der verfügbaren Gesammtkraft, theils durch aktive Mitwirkung, so begreift es sich, dass die leichteren Gegenstände, zumal wenn sie ins Schweben gekommen sind, gleichzeitig dem Einfluss der verschiedensten Anziehungen und Abstossungen unterworfen sind und Bahnen von krauser Verschlingung zurücklegen. Dirigirt das Medium einen Gegenstand durch Abstossung in die Richtung, wo die Anziehungssphäre eines geladenen Anwesenden überwiegt, so rutscht oder schwebt der Gegenstand zu diesem hin, bis er zu dem am meisten geladenen Körpertheil desselben, etwa einer Hand, gelangt. So erklärt sich z. B. das von Hellenbach beobachtete Emporkriechen einer Schiefertafel an seinem Bein bis zum Oberkörper und der Hand.

Die mediumistische Nervenkraft kann sich ferner mit den Wirkungen der unwillkürlichen Muskelthätigkeit auf die mannigfachste Weise verbinden. Bei Sitzungen um einen Tisch pflegt zunächst die letztere

---

*) Owen, „Das streitige Land", I, 46—56.
**) Wallace, „Eine Vertheidigung des modernen Spiritualismus", deutsch von Wittig (Leipzig, Mutze 1875) S. 115—118; Ps. St. VII, 237, 562; VIII, 5, 81—108, 188, 238, 471; IX, 6—15, 39—40, 94—96.

sich zu entfalten und erst allmählich nimmt die Ladung mit Nervenkraft so weit zu, dass diese allein ausreicht; zuerst also bewegen sich die Gegenstände nur, wenn die Anwesenden dieselben berühren, später auch ohne Berührung.

Die Wirkungen der mediumistischen Nervenkraft sind übrigens mit den angegebenen Erscheinungsformen nicht erschöpft. Besonders beachtenswerth ist eine expansive Wirkung derselben, welche der Cohäsion der materiellen Theilchen entgegenwirkt, und sich in plötzlichen Entladungen nach Art elektrischer Schläge äussert. Wenn die explosive Entladung, die immer an einer ganz eng begrenzten Stelle, und zwar meist im Innern der Körper ihren Sitz hat, die Cohäsion der materiellen Theilchen nicht überwiegt, so kündigt sie sich für den Tastsinn als nachzitternde Erschütterung an, und wird dem Gehör als stärkerer oder schwächerer Knall oder Klopflaut vernehmbar. Wenn die Entladung die Cohäsion der Theile überwindet, so erfolgt ausserdem eine Zerreissung oder Zertrümmerung des Gegenstandes (Zöllners Bettschirm und Wasserglas). Die Klopflaute beginnen mit dem leisesten Knistern (wie bei einer Elektrisirmaschine) und steigern sich zuweilen bis zu schweren Schlägen und dröhnendem Gerassel und Gepolter*); sie erklingen bald aus Tischen, Stühlen, Schränken, Wänden, bald aus kleinen Geräthen, bald aus massiven Felsen,**) und bei allen stärkeren Klopflauten sollen die fühlbaren Vibrationen des Gegenstandes auf denselben Sitz der Schallquelle hinweisen wie die Lokalisation des Schalls durch das Gehörorgan. Die Beobachtung der Klopflaute durch das Mikrotelephon aus grösserer Entfernung, und ihre Registrirung durch den Phonographen ist unter allen Umständen wünschenswerth, um etwaige eingepflanzte Gehörs- und Tast-Hallucinationen der Anwesenden von objektiven Vorgängen unterscheiden zu können.

Immer wieder treten an den verschiedensten Orten dergleichen Klopflaute theils mit, theils ohne Rücken von Geräthen und Möbeln auf, ohne dass jemand im

---

*) Owen, Das streitige Land, I, 101—106.
**) Owen, I. 89—91.

Hause oder der Nachbarschaft die Ursache ahnt. Ebenso wie bei dem oben erwähnten Steinewerfen ist allemal ein Medium, meist weiblichen Geschlechts, die zunächst gänzlich unbewusste Ursache derselben. Kommt die Nachbarschaft auf den Verdacht solchen ursächlichen Zusammenhanges, so vereinigen sich meist die Brutalität niederer Polizeiorgane mit bornirtem und zelotischem Pfaffenthum und Pöbelaberglauben, um solche unglückliche Nervenkranke völlig von Sinnen zu bringen, anstatt sie in ärztliche Behandlung zu nehmen oder ihre mediumistischen Anlagen systematisch zu Versuchen zu verwerthen.

Ein besonders unwahrscheinliches Erscheinungsgebiet betreten wir mit den Berichten, welche sich auf Durchdringung der Materie beziehen. Die indischen Berichte betrachten dieselbe als zweifellose Thatsache und erklären sie durch Zerstreuung und Wiederverdichtung der Elementarbestandtheile des stofflichen Gegenstandes. Ein schmiedeeiserner Ring soll auf den Arm des Mediums gelangen, während dessen Hand oder Finger von einem Anwesenden festgehalten wird; Reimers und Aksakow haben den Versuch glücken sehen, während die Hand des Haltenden noch durch ein Band mit dem Arm des Mediums verknüpft war (Ps. St. I, 544, III, 52—54) und Olcott behauptet sogar beobachtet zu haben, wie die dem Arm des Mediums zugewendete Seite des Ringes sich gleichsam in Dampf auflöste und so dem Arm den Durchgang gestattete (Ps. St. III, 56). Zahlreich sind die Beobachtungen Zöllners über ähnliche Vorgänge, Durchtritt von Münzen, Schieferstückchen u. s. w. durch verschlossene Kästen und Tischplatten, Umlegen eines Ringes um einen Tischfuss, Knüpfen von Knoten in versiegelten Schnüren und Streifen u. s. w., und ein grosser Theil derselben ist von Privatmedien wiederholt worden (Ps. St. VII, 390, 392). Nach Hare wurden zwei Platinkugeln in eine versiegelte Glasröhre transportirt. Auch bei Voraussetzung der grössten Geschicklichkeit im Lösen und Wiederknüpfen von Knoten und im Abstreifen und Wiederaufstreifen von Schlingen und Fesseln bleiben doch eine Menge Berichte bestehen, wo die Art der Anlegung und Versiegelung der Fesseln und die

Unverletztheit der Siegel nach dem Abstreifen und Wiederanlegen diese nächstliegende Erklärung ebenso auszuschliessen scheint, wie die Kürze der für solche Manipulationen zur Verfügung stehenden Frist. Deshalb wird von den Spiritisten allgemein angenommen, dass ein Medium im sonnambulen Zustand im Stande sei, alle Fesselung vermittelst Durchdringung der Materie von sich abzustreifen und wieder anzulegen.

Das mediumistische Steinwerfen, welches meist die getroffenen Fensterscheiben u. s. w. zertrümmert, findet manchmal auch unter Umständen statt, dass das Medium sich in einem geschlossenen Raum befindet, die Steine aber von ausserhalb kommen und im Zimmer erst 5—6 Fuss vom Fussboden sichtbar werden (Ps. St. VIII, 5—12). Der Wassersprühregen kommt vor, ohne dass Wasser in demselben Zimmer steht; bei Zöllners bezüglichen Erfahrungen stand jedoch eine Kanne mit Wasser im Nebenzimmer. Der „Apport" von Gegenständen aus andern Zimmern, oder andern Wohnhäusern, oder von Blumen, die im Freien wachsen, in das Sitzungszimmer, ist eine der gewöhnlichsten mediumistischen Erscheinungen, aber immer ist die irdische Herkunft der eingeführten Gegenstände zu konstatiren. Die Steine sind trocken oder nass, warm oder kalt, je nach dem Wetter, und oft fielen gezeichnete Steine, die ins Freie gebracht waren, zum zweiten Mal ins Haus. Hätte man es, wie Zöllner meint, bei diesen Erscheinungen mit einer vierten Dimension des realen Raumes zu thun, so könnte man wohl Einführung materieller Objekte erwarten, die nicht zu unserer dreidimensionalen Welt gehören; das Gegentheil lässt darauf schliessen, dass Zöllners Erklärung nicht die richtige ist, sondern dass die Phänomene sich ebenso in unsrer dreidimensionalen Welt abspielen, wie das Material zu demselben nur aus der letzteren stammt. Bisweilen will Zöllner Erhitzung gefühlt oder Spuren derselben beobachtet haben, was ebenfalls mehr für molekulare Erschütterungen des materiellen Zusammenhanges spricht als für Bewegungen und Schwankungen über den dreidimensionalen Raum hinaus, bei welchen doch kein Grund zu molekularen Erschütterungen und Temperaturveränderungen gegeben wäre.

Ferner sind noch Lichterscheinungen zu bemerken, die fast bei keiner Sitzung mit kräftigeren Medien ganz fehlen. Dieselben haben meist eine so geringe Intensität, dass sie nur im Dunkeln zu beobachten sind, und auch da nur von Gesichtssensitiven. Ausnahmsweise erlangen sie jedoch eine grössere Lichtstärke, so dass sie von allen gesehen werden. Ob der von Zöllner beobachtete Lichtschein an der Wand, welcher von dem Schatten der Tischfüsse unterbrochen war, wirklich auf eine Lichtquelle jenseits des Tisches deutet, oder ob er nicht direkt formirt war, scheint noch fraglich; ebenso bleibt es im ersteren Falle zweifelhaft, ob die parallelen Lichtstrahlen wirklich aus einer unendlich fernen Lichtquelle stammten, oder ob diese transversalen Aetherschwingungen in paralleler Richtung nicht durch ganz andre Vermittelung und auf ganz andre Weise als durch leuchtende Materie (Lichtschwingungen bestimmter Stofftheile an einem bestimmten Ort) zu Stande gekommen waren. Sensitive und Sonnambule sehen oft Lichterscheinungen, die ihnen aus unendlicher Ferne zu kommen scheinen, ohne dass dieser auf die gewöhnlichen Entstehungsursachen von Aetherschwingungen gegründete unwillkürliche Schluss der sinnlichen Anschauung den Thatsachen zu entsprechen braucht.

Für das Studium dieser Fragen muss man entschieden auf die Erfahrungen Reichenbachs zurückgehen, welcher die odische Diaphanität vieler Stoffe behauptet, welche für gewöhnliche Lichtstrahlen undurchgängig sind; es scheint, dass man es dabei in vielen Fällen mit Aetherschwingungen höherer Brechbarkeit und anderer Art zu thun hat, welche erst im Auge des Sensitiven (oder durch das Medium zeitweilig sensitiv Gemachten) in Lichtschwingungen umgewandelt werden. Diess wird bestätigt durch die Experimente des Photographen Beattie, welcher verschiedene Lichterscheinungen auf den Platten erhielt, die ihm und seinen Genossen unsichtbar waren, deren Formen aber mit den Beschreibungen der Medien über die während der Aufnahme von ihnen an bestimmten Orten gesehenen Lichterscheinungen übereinstimmten (Ps. St. V, 339, VIII, 257). Diese photographischen Versuche müssten in ausgedehntem Maasse fortgesetzt werden, um die sichere Unterscheidung zu gewinnen für dasjenige, was an diesen Lichterscheinungen eingepflanzte Hallucination, und was an ihnen objektive Schwingungsprocesse seien. Soweit man es mit wirklichen Aetherschwingungen von hoher Brechbarkeit zu thun hat, darf man an Umwandlungsformen der mediumistischen Nervenkraft denken, welche den Umwandlungen der Elektricität in Licht von hoher Brechbarkeit analog sind. Dagegen müssten diese Erscheinungen erst ganz genau erforscht und alle Versuche dreidimensionaler Erklärung vollständig erschöpft sein, bevor man daran denken dürfte, eine hypothetische vierte Dimension des realen Raumes zur Erklärung derselben heranzuziehen, wie es Zöllner offenbar voreilig gethan hat.

Wenn die mediumistische Nervenkraft sich einerseits in Licht- und Wärmeerscheinungen umwandeln kann, und andererseits die Eigenthümlichkeit hat, sich auf beschränkten Punkten bis zu einem Spannungsgrade ansammeln zu können, der zu einer explosiven Entladung führt, so kann es kaum noch auffallen, wenn solche Entladungen, ähnlich wie elektrische Funken, im Stande sind brennbare Stoffe, z. B. den neuen Docht eines Stearinlichts, zu entzünden, wie diess von Zöllner (Bd. III) berichtet wird.

Besonders auffallend werden die Wirkungen der mediumistischen Nervenkraft in solchen Fällen, wo ein schneller Wechsel von Anziehung und Abstossung, von stärkerem und schwächerem Druck auf die Unterlage, oder von gedrückten Punkten stattfindet, z. B. bei der Bewegung des Bogens über den Saiten eines Streichinstruments, oder beim abwechselnden Niederdrücken verschiedener Tasten einer Ziehharmonika oder eines Klaviers, oder beim Führen eines schreibenden Stiftes auf einer Unterlage.*) Bei diesen Erscheinungen hat man sich zunächst gegenwärtig zu halten, dass sie nur in einem Cirkel bei geschlossener Kette vorzukommen

---

*) Von indischen Fakirs wird folgendes berichtet. In einer mit Wasser gefüllten halben Kokosnussschale schwimmt ein Korkstückchen, das unten mit zwei geraden Nadeln beschwert ist und oben eine gebogene Nadel, ähnlich einem Entenhals trägt. Diese Korkente tanzt im Wasser nach dem Pfeifen des mehrere Fuss entfernten Fakirs und beschliesst die Vorstellung mit Untertauchen. („Indische Gaukler und Taschenspieler" im „Ausland" 1885 Februar).

pflegen, und dass das Spielen der Harmonika wie das hörbare Schreiben des Griffels sofort pausirt, wenn und so lange als der Schluss der Kette durch Aufheben der Hand eines der Theilnehmer unterbrochen wird. Hieraus ist zu entnehmen, nicht nur dass alle Anwesenden durch ihre Ladung mit mediumistischer Kraft an der Erscheinung mitwirken, sondern dass sie in einer durch das Medium von Moment zu Moment anders regulirten Weise an derselben mitwirken. Denn die Ladung jedes Anwesenden bleibt ja zunächst unverändert, auch wenn die Kette unterbrochen wird; aber die wechselnden Innervationsimpulse, durch welche das Medium den Ladungszustand der Theilnehmer in jedem Moment ändert, verlieren bei Unterbrechung der Kette ihre Leitungsbahn und damit ihre Fähigkeit, zu wirken. Wenn eine verschlossene Schiefertafel mit eingelegtem Schieferstückchen mitten auf dem Tisch, oder einem der Theilnehmer auf dem Schoosse liegt, oder von zwei Theilnehmern gehalten wird, so muss man sich ein System von attraktiven Kraftlinien, einem Radialnetz von gespannten Gummischnüren vergleichbar, vorstellen, welche einerseits alle in dem Schieferstückchen zusammenlaufen, und andererseits durch die Kette der Theilnehmer hindurch zu dem Mittelhirn des Mediums als zu ihrer Centralstelle hinführen, von welcher aus abwechselnd bald die einen bald die andern dieser Fäden schärfer angezogen werden.

Wenn einzelne kräftige Medien auch für sich allein fernwirkende Schrift hervorrufen, um die so erhaltenen Weisungen ihres sonnambulen Bewusstseins zur Richtschnur ihrer Entschliessungen zu nehmen, so muss man annehmen, dass die verschiedenen Körpertheile des Mediums, seine die Tafel haltende Hand, insbesondere aber der Tisch, unter dessen Platte sie in solchem Falle die Tafel drücken, und auf den sie die andere Hand auflegen, die Stelle der sonst aus mehreren Organismen gebildeten Kette ersetzen, und ebenfalls genügende Stützpunkte zur Herstellung eines Systems koncentrischer Kraftlinien liefern.

Schon unser gewöhnliches Schreiben durch die Muskelbewegungen der Hand beruht auf einem ähnlichen System von Druck- und Zuglinien der Kraft mit verschiedenen Stützpunkten, welche peripherisch um den Schreibstift herumgestellt sind, aber hier wird Druck und Zug durch materielle Berührung übertragen, während beide bei der Tafelschrift ohne Berührung aus der Ferne wirken. Auch bei dem gewöhnlichen Schreiben überspringt unser Bewusstsein das Gefühl der Vermittelungen und projicirt sein Schreibgefühl in die Spitze des schreibenden Stiftes; diess muss nach psychologischen Analogien auch für das Gefühl des sonnambulen Bewusstseins bei dem fernwirkenden Schreiben der Fall sein. Hat das sonnambule Bewusstsein sich einmal auf die Vermittelung des Schreibens durch ein System von Druck- und Zuglinien der mediumistischen Nervenkraft eingeübt, so verläuft der Wechsel dieser Innervationsimpulse ganz ähnlich wie der analoge Wechsel der anderartigen Innervationsimpulse bei dem Schreiben durch unwillkürliche Muskelbewegungen, und darum ist es nicht zu verwundern, dass das fernwirkende Schreiben ebenso schnell erfolgt und ähnliche Schriftzüge liefert wie das unwillkürliche sonnambule Schreiben mit der Hand. Die Art der Innervationsimpulse muss natürlich bei der Vermittelung desselben durch Muskelinnervation und bei derjenigen durch mediumistische Nervenkraft verschieden sein, aber der Rhythmus in dem Wechsel dieser Impulse muss in beiden Fällen der gleiche sein. Darum ist mit Sicherheit zu behaupten, dass ein Medium die Uebung in diesem rhythmischen Wechsel der Schreibimpulse mitbringen muss, wenn es sich im fernwirkenden Schreiben üben will; d. h. nur ein Medium, das Schreiben gelernt hat, wird unwillkürliche oder fernwirkende Schrift produciren können. Aber auch ein des Schreibens kundiges Medium muss sich erst auf die für die fernwirkende Schrift erforderliche Art von Innervationsimpulsen und die Beherrschung derselben einüben; darum sind die ersten Schriftversuche von Medien so unleserlich, ungleichmässig, krumm und schief, wie etwa der erste Versuch, mit dem Fuss zu schreiben, ausfallen würde.*)

Schon die mediumistischen Lichterscheinungen zeigen

---

*) Vgl. z. B. die Schriftprobe in Owen's „Das streitige Land", I, 136.

bestimmte Formgebilde, doch sind diess noch mehr krystallinische oder doch unorganische Formen, z. B. Kreuze, Sterne, ein helles Feld mit flimmernden Lichtpunkten, die mehr Aehnlichkeit mit elektrischen Staubfiguren oder Chladnischen Klangfiguren als mit organischen Formen haben. Bei dem fernwirkenden Schreiben dagegen muss man bereits ein System von Druck- und Zuglinien annehmen, welches dem System von Druck- und Zuglinien analog ist, wie es auf den von der Schreibhand umfassten Griffel einwirkt. Dächte man sich nun ein solches System von Druck- und Zuglinien der fernwirkenden Nervenkraft nicht auf einen harten Schieferstift, sondern auf einen weichen Wachsstift von der Gestalt und Grösse eines Griffels wirken, so müsste derselbe ähnliche Verbiegungen und Eindrücke zeigen, wie wenn eine menschliche Hand die gleiche Schrift mit einem weichen Wachsgriffel mit schreibender Spitze herzustellen versucht hätte.

Denkt man sich eine andre Anordung der Druck- und Zuglinien der mediumistischen Nervenkraft, entsprechend denjenigen Druckverhältnissen, welche die Innenseite einer flach ausgestreckten Hand auf einen eindrucksfähigen Stoff hervorbringt, so müsste die Verschiebung der Stofftheilchen, welche durch ein solches dynamisches System hervorgebracht würde, wiederum mit der durch den Druck der Hand hervorgebrachten übereinstimmen, d. h. den Abdruck einer organischen Form zeigen, ohne dass eine organische Form in materieller Gestalt vorhanden gewesen wäre, welche diesen Abdruck hervorgebracht hätte. Da die dynamischen Wirkungen der mediumistischen Nervenkraft, ebenso wie diejenigen des Magnetismus, jede Art von Materie ungestört durchdringen, so können auch materielle Verschlüsse der eindrucksfähigen Oberfläche das Zustandekommen solcher Abdrücke nicht einmal erschweren. Diess ist denn auch in der That der Fall nach den Versuchen Zöllners mit Slade, die von Anderen mit Privatmedien wiederholt sind (Ps. St. VII, 387—388). Zöllner behauptet, deutlich gefühlt zu haben, wie die auf seinen Oberschenkeln liegende Doppeltafel zweimal kräftig gegen die Schenkel gedrückt wurde; da nun auf beiden Innenseiten Abdrücke gefunden wurden, so muss bei dem einen Abdruck das System von Kraftlinien auf die Tafel gedrückt haben, bei dem andern Abdruck die Tafel gegen das System von Kraftlinien gepresst oder gezogen worden sein.

Handelte es sich dabei um wirkliche materialisirte Gliedmaassen, die den Anwesenden unsichtbar bleiben, so würde eine Durchdringung der abschliessenden Materie oder Verschlussdecke nach spiritistischen Annahmen zwar möglich sein, aber doch eine ungleich grössere Kraftentfaltung erheischen, als der Abdruck auf einer offenen Tafel; die Leichtigkeit und Schnelligkeit, mit der diese Abdrücke erhalten wurden, spricht ebensosehr gegen diese Annahme, wie die Unberührtheit der eindrucksfähigen Schicht der Deckseite von den durch sie hindurchwirkenden Druck- und Zuglinien. Wären es materialisirte Gliedmaassen, welche die Decktafel durchdrängen, so müsste die Russschicht von der Innenseite der Decktafel (wo nicht gar der ganze Papierbelag derselben) durch die die Tafel durchdringende Fusssohle abgerissen werden; dass diess nicht geschieht, dass kein Abdruck des von der Decktafel durchschnittenen Fussrandes in der Russschicht derselben sichtbar wird, und dass die Russschicht derselben bei dem Vorgang völlig intakt bleibt, ist ein sicherer Beweis, dass die dynamischen Wirkungen sich auf die zum Abdruck bestimmte Fläche beschränken, dass das fragliche System von Kraftlinien nur auf diese Abdrucksfläche hin gerichtet ist, dass also mit anderen Worten in diesem Falle nicht das dynamische Analogon eines Fusses, sondern nur dasjenige einer Fusssohle, d. h. einer Fläche ohne dahinterliegenden Körper existirt.

Da es sich nur um ein System von Kraftlinien mit verschiedener Druckstärke (resp. Zugstärke, wenn die Rückseite der Tafel dem Medium zugekehrt ist) handelt, so liegt auch kein Grund vor, dass die erhaltenen Abdrücke in ihren Formen den Gliedmaassen des Mediums ähnlich seien; denn was für die Anordnung der Kraftlinien massgebend ist, ist ja lediglich das Phantasiebild im sonnambulen Bewusstsein des Mediums, das von seinen eigenen Körperformen beliebig abweichen kann. So zeigen denn auch die erhaltenen Abdrücke Gliedmassen der verschiedensten Grösse und Gestalt;

ein direktes Abdrücken der eigenen Gliedmaassen des Mediums erscheint, ganz abgesehen von den sonstigen Versuchsanordnungen, schon in dem Falle ausgeschlossen, dass beispielsweise der Abdruck einen Kinderfuss zeigt.

Immerhin gehören die Abdrücke organischer Formen, weil sie nicht, wie die Schrift, durch successive, sondern nur durch simultane Formation entstanden sein können, zu den auffälligsten Erscheinungen des ganzen Gebietes, die vielleicht nur noch von den Beispielen einer Durchdringung der Materie übertroffen werden. Um so wichtiger ist es, dass die bleibenden Ergebnisse derselben, die erhaltenen Abdrücke, ebenso wie die erhaltenen Schriftstücke, den zweifellosen Beweis liefern, dass man es in diesen beiden Fällen nicht mit Hallucinationseinpflanzung zu thun hat, sondern mit objektivrealen Kraftwirkungen des Mediums auf die Materie.

Auch diejenigen, welche annehmen, dass unsichtbare materialisirte Gliedmaassen die Träger der den Abdruck verursachenden Druckkräfte seien, müssen doch zugeben, dass diese unsichtbaren Gliedmaassen dann nur als reale Projektionen der sonnambulen Phantasie des Mediums aufzufassen sind, d. h. dass ihre Materie aus der Körpermaterie des Mediums entlehnt, ihre Form von der sonnambulen Phantasie des Mediums bestimmt und ihr Zustandekommen von dem unbewussten Willen des Mediums veranlasst und bedingt ist. Dieselben wären also selbst in dem Falle, dass sie als materielle Auswüchse aus dem Organismus des Mediums angesehen werden, doch immer noch nichts weiter als ausschliessliche Produkte des Mediums, und aus dem Zusammenwirken seines unbewussten Willens, seiner unbewussten Phantasie und seines leiblichen Organismus zu erklären. Dasselbe würde gelten, wenn man annehmen wollte, dass bei der fernwirkenden Schrift eine unsichtbare materialisirte Hand die Druck- und Zugkräfte, welche den Stift führen, übermitteln; auch eine solche Hand würde dann doch nichts weiter sein, als eine Efflorescenz des Mediums selbst. Da übrigens eine solche Annahme die physikalische Erklärung der Erscheinungen um nichts erleichtert und zu dem unsichtbaren System der Druck- und Zugkräfte nur noch die überflüssige Hypothese einer geformten Materie ohne Sichtbarkeit und Tastbarkeit hinzufügt, so hat dieselbe keine wissenschaftliche Berechtigung und erscheint nur als das unwillkürliche psychologische Produkt des Haftens der Vorstellung am Sinnlichen. *)

Schliesslich bleibt noch der Einfluss der Nervenkraft auf lebende Organismen zu erwähnen. Dass sensitive Pflanzen durch magnetische Striche der Hände hypnotisirt werden können, ist hinreichend festgestellt; **) dasselbe gilt für Thiere, für schlafende Menschen, für Kinder und für Wilde, die alle nichts von dem ahnen, was mit ihnen vorgenommen werden soll. Es ist dabei keineswegs nöthig, dass Striche mit den Händen oder Bewegungen mit den Armen gemacht werden; diese sind zwar Hilfsmittel zur Uebertragung der Nervenkraft, ebenso wie das Anhauchen oder feste Anblicken, aber sie alle sind keineswegs unentbehrliche Hilfsmittel zu ihrer Ausströmung oder Ausstrahlung. So wenig ein Medium nöthig hat, die zu bewegenden Gegenstände durch magnetische Streiche zu laden, so wenig ist dies bei einem zu hypnotisirenden Menschen erforderlich; starke Magnetiseure bannen ohne jede vermittelnde Aktion sensitive Personen und versetzen sie durch ihren blossen Willen in einen offenen oder larvirten Sonnambulismus, der den bewussten Willen derselben lähmt und das an seiner Statt funktionirende sonnambule Bewusstsein

---

*) Die wenigen Berichte, welche von dem Schreiben einer sichtbaren Geisterhand sprechen, sind ohne Gewicht, da sie sich auf Dunkelsitzungen beziehen, in welchen auf selbstleuchtendem Papier der Schattenabriss einer Hand undeutlich gesehen worden sein soll (Owen I, 128—129, 137—138).

**) Die Beförderung des Pflanzenwachsthums, welche von den Indern der mediumistischen Kraft zugeschrieben wird, erwähne ich nur beiläufig, weil mir nicht bekannt ist, dass diese Erscheinung in Gegenwart europäischamerikanischer Medien als ein offener, in allen Entwickelungsstadien verfolgbarer Vorgang beobachtet worden ist. Uebrigens wissen wir, dass die physiologischen Funktionen des Pflanzenlebens sowohl durch überbrechbare Lichtstrahlen, wie durch Elektricität, wie durch chemische Reizmittel (Spiritus, Kampher) mächtig angeregt werden können, dass selbst bei Menschen ausnahmsweise ein vierjähriger Knabe die Entwickelung eines dreissigjährigen Mannes erlangt haben kann, und dass gewisse Pflanzenkeime, die ohnehin schnell wachsen, in ihrem Wachsthum künstlich beschleunigt werden können. Es scheint danach wohl denkbar, dass auch die mediumistische Nervenkraft als ein solcher Reiz wirken kann.

dem Willen des Magnetiseurs unterwirft.*) Andrerseits ist es nicht der blosse Wille des Magnetiseurs als solcher, welcher durch einen rein psychischen Einfluss diese Erscheinungen in andern Individuen hervorbringt, ebensowenig wie es der blosse Wille des Mediums ist, welcher durch einen rein psychischen Einfluss die besprochenen physikalischen Erscheinungen an leblosen Gegenständen hervorbringt; sondern in beiden Fällen hat der Wille zunächst nur die Wirkung, magnetische oder mediumistische Nervenkraft aus dem Nervensystem zu entbinden und in bestimmter Art und Weise auf lebende oder todte Objekte auszustrahlen.

Dieses Entbinden und dirigirende Ausstrahlen von Nervenkraft ist unter allen Umständen, gleichviel, ob der erste Impuls zu demselben von der Willkür des wachen Bewusstseins oder vom unbewussten Willen des sonnambulen Bewusstseins ausgeht, nicht eine Funktion derjenigen Hirntheile, welche als Träger der bewussten Willkür dienen, sondern tiefer liegender Hirnschichten, welche mit den Trägern des sonnambulen Bewusstseins entweder zusammenfallen oder doch denselben näher liegen als den ersteren. Darum ist es kein Wunder, dass die Entfaltung magnetisch-mediumistischer Nervenkraft im sonnambulen Zustande stärker ist als im wachen, und dass Personen, die im wachen Zustande keine Fähigkeit zum Magnetisiren Andrer besitzen, dieselbe im sonnambulen Zustande in hohem Grade entfalten. So erklärt es sich auch, dass die Medien erst dann genügende Nervenkraft zur Hervorbringung physikalischer Erscheinungen produciren, wenn sie in den Zustand eines larvirten Sonnambulismus eingetreten sind, und dass die Produktion besonders anstrengender und schwieriger Erscheinungen nur dann stattfindet, wenn der larvirte Sonnambulismus in vollständigen Sonnambulismus übergegangen ist, d. h. wenn das wache Bewusstsein und die Reflexhemmungen der dasselbe tragenden Hirntheile ganz erloschen sind und

---

*) Privatim wurde mir von einem herumziehenden Kesselflicker dämonischen Aussehens geschrieben, der seinem Verdienst dadurch nachhalf, dass er die Frauen fascinirte und ihnen die Illusion von Löchern in den Töpfen einpflanzte, die er nachher ohne Löcher wieder überreichte.

die vitale Gesammtenergie des Nervensystems sich in den das sonnambule Bewusstsein tragenden Hirnschichten koncentrirt hat.

So gewiss die Medien in ihrem larvirten oder offenen Sonnambulismus über ein Maass von Nervenkraft, sei es selbstproducirter, sei es von den Anwesenden extrahirter und angesammelter, verfügen, wie noch kein Magnetiseur im ganz wachen Zustand es zur Entfaltung gebracht hat, so gewiss muss auch ihre Fähigkeit, mit Hilfe dieses überlegenen Kraftquantums die Anwesenden in einen Zustand von offenem oder larvirtem Sonnambulismus zu versetzen, grösser sein als die irgend eines im wachen Zustand agirenden Magnetiseurs. Es ist eine gewöhnliche Erscheinung bei mediumistischen Sitzungen, dass sensitive Mitglieder in Ohnmacht, Krämpfe, Trance, Ekstase oder Hypnose verfallen, und diese Erscheinung würde viel häufiger eintreten, wenn die Medien ein Interesse daran hätten, dieselbe hervorzurufen, und deshalb ihren unbewussten Willen zur Hervorrufung derselben zu motiviren suchten. Die Medien haben aber grade das entgegengesetzte Interesse, den Eintritt eines offenes Sonnambulismus bei den Anwesenden zu vermeiden, weil dieser meist störend wirkt, manchmal mit Krämpfen u. dgl. verbunden auftritt, die Aufmerksamkeit der übrigen Anwesenden von ihnen und ihren Leistungen ablenkt, und ihnen in den sonnambul Gewordenen konkurrirende Medien erwecken kann, welche ihre Dispositionen über die im Cirkel vorhandene Nervenkraft eigenmächtig durchkreuzen können.

Dagegen können die Medien wohl ein Interesse an der Hervorbringung eines larvirten Sonnambulismus in sämmtlichen Anwesenden bis zu dem Grade haben, dass er dieselben empfänglich macht für die Einpflanzung von Hallucinationen, ohne sie zugleich zur aktiven Konkurrenz mit dem Medium zu befähigen. Dieses Interesse und die Art seiner Motivation braucht natürlich nicht in's Bewusstsein der Medien zu fallen. Wenn man sich aber denkt, dass ein sonnambules Medium Hallucinationen hat, die es für Wirklichkeit nimmt, und zugleich den lebhaften Wunsch hat, dass die Anwesenden dieselbe vermeintliche Wirklichkeit wahrnehmen,

d. h. dieselben (hallucinatorischen) Vorstellungen haben möchten, wie es selbst, so sind offenbar alle ausreichenden psychologischen Bedingungen im Medium gegeben, um dasselbe zu einer unbewussten Beeinflussung der Anwesenden zu zwingen in dem Sinne, dass sie in einen der Entstehung gleicher Vorstellungen (d. h. der Hallucinationsansteckung) günstigen Zustand versetzt werden, (welches eben der larvirte Sonnambulismus ist).

Da nun thatsächlich die Medien schon im larvirten Sonnambulismus vielfach von Hallucinationen aller Art heimgesucht werden, meist ohne dieselben als solche zu erkennen, da sie im offenen Sonnambulismus sogar ganz in solchen befangen sind, da sie ferner um ihres Rufes willen und aus Geschäftsrücksichten thatsächlich wünschen, die von ihnen anerkannte Realität solcher rein subjektiver Erscheinungen auch von den Mitanwesenden anerkannt zu sehen, so wäre es unerklärlich, wenn bei der Vereinigung so günstiger Bedingungen nicht in ausgedehntem Maasse die Versetzung der Theilnehmer in larvirten Sonnambulismus mit einer häufigen Ansteckung der Hallucinationen des Mediums auf diese vorkäme.

Wenn in spiritistischen Kreisen diese Thatsachen noch gar nicht bemerkt und beachtet worden sind, so liegt es daran, dass es ihnen ja nur darauf ankommt, die objektive Realität aller Erscheinungen zu retten, und dass sie deshalb eine solche Bemerkung, wenn sie ihnen von andrer Seite entgegengetragen wird, entrüstet als ein Sakrilegium gegen ihre Heiligthümer zurückweisen. Vom wissenschaftlichen psychologischen Standpunkt betrachtet dagegen muss jeder Theilnehmer an mediumistischen Sitzungen sich beständig vergegenwärtigen, dass er unter dem Einfluss eines sehr starken Magnetiseurs steht, welcher das unbewusste Interesse hat, ihn in larvirten Sonnambulismus zu versetzen, um ihn mit seinen Hallucinationen anzustecken, dass dieser Einfluss um so mächtiger wird, je öfter er mediumistischen Sitzungen beigewohnt hat und je öfter er mit demselben Medium zusammen Sitzung gehalten hat. Man muss sich sagen, dass dieser Zustand eines larvirten Sonnambulismus sich für das eigene wache Bewusstsein durch kein direktes Merkmal ankündigt, sondern nur durch die Fähigkeit, sich von den Vorstellungen, speciell den Sinnesempfindungen, und ganz besonders den Hallucinationen des Magnetiseurs (d. h. hier des Mediums) anstecken zu lassen, und muss demnach um so mehr auf eingepflanzte Hallucinationen gefasst sein, je länger man sich praktisch mit dem Gegenstand beschäftigt.

Wir werden später sehen, in welchem ausgedehnten Maasse diese Hallucinationsübertragung bei mediumistischen Sitzungen wirklich stattfindet; hier handelte es sich nur darum, festzustellen, dass in einem bei gleicher Zusammensetzung eine längere Reihe von Sitzungen haltenden Cirkel die denkbar günstigsten Bedingungen für Hervorrufung eines larvirten Sonnambulismus selbst in nicht sensitiven Personen gegeben sind.

3. Der Vorstellungsinhalt der Kundgebungen.

Nachdem wir im vorigen Abschnitt die Erscheinungen erörtert haben, welche mehr oder minder zum Ausdruck eines Vorstellungsinhalts dienen, oder doch unter günstigen Umständen zur Uebermittelung eines solchen verwendbar werden, haben wir nunmehr den Vorstellungsinhalt selbst in's Auge zu fassen, der uns auf diesen ungewöhnlichen Wegen übermittelt wird. Schon bei der Besprechung der unwillkürlichen Muskelbewegungen des Sprechens, Schreibens u. s. w. sahen wir, dass die leitende Intelligenz in dem sonnambulen Bewusstsein der Medien zu suchen ist; so wie aber die Handschrift dieselbe bleibt, gleichviel ob die Hand selbst mit unwillkürlichen Muskelbewegungen den Stift führt, oder ob die mediumistische Nervenkraft durch ein System von dynamischen Druck- und Zug-Linien die Führung besorgt, ebenso bleibt auch der Inhalt der Schrift in beiden Fällen der gleiche. Wir haben deshalb gar keinen Grund, daran zu zweifeln, dass es dieselben Hirntheile sind, welche die Innervationsimpulse

sowohl für die Ausstrahlung und Vertheilung der
Nervenkraft wie für die unwillkürlichen Muskelbewegungen geben, dieselben Hirntheile, welche auch
dem sonnambulen Bewusstsein zum Träger dienen.

Der Vorstellungsinhalt der Kundgebungen eines
„Sprechmediums" deckt sich mit dem zeitweiligen Vorstellungsinhalt seines sonnambulen Bewusstseins; denn
ein Sprechmedium ist weiter nichts als ein Autosonnambuler, welcher die Eigenthümlichkeit hat, ungefragt seinen jeweiligen Vorstellungsinhalt im Zusammenhange von sich zu geben. Der Vorstellungsinhalt eines Schreibmediums ist aber kein wesentlich
andrer, als der eines Sprechmediums, und der eines
Schreibmediums ist unabhängig von der Art des
Schreibens, ob durch Abklopfen des Alphabets, oder
durch Aufzeigen der Buchstaben, oder durch unwillkürliche Handschrift, oder durch fernwirkende Schrift.
Ob das Medium mit veränderter Stimme spricht, mit
veränderter Handschrift schreibt, oder ob es im Namen
eines genannten oder ungenannten Dritten spricht oder
schreibt, ändert nichts an dieser Auffassung; denn wir
wissen, dass im sonnambulen Bewusstsein eine Versetzung des Ich in eine andre Person eine ganz gewöhnliche Erscheinung ist.

Da das Medium entweder ohne waches Bewusstsein ist, oder aber beim larvirten Sonnambulismus das
bestehende wache Bewusstsein doch für gewöhnlich von
dem Inhalt des sonnambulen Bewusstseins nichts weiss,
so kann auch das Medium nichts davon wissen, dass
es selbst, d. h. sein sonnambules Bewusstsein es ist,
welches diesen Vorstellungsinhalt in sich hat und aus
sich heraussetzt, d. h. es schreibt als wache Person unbewusst. Der experimentelle Beweis dafür, dass dieses
Schreiben nur relativ ein unbewusstes, für das larvirte
sonnambule Bewusstsein aber ein bewusstes ist, kann
übrigens dadurch geführt werden, dass das Medium
sich in offenen Sonnambulismus versetzt, wo es sich
des vorher unbewusst Geschriebenen erinnert und über
dasselbe mündlich Auskunft ertheilt. Diess ist z. B.
nach Zöllners Bericht im dritten Bande seiner Abhandlungen von Slade geschehen mit Bezug auf eine am
Tage vorher in einer verschlossenen Tafel gelieferte

fernwirkende Schrift, welche noch gar nicht eröffnet, also auch keinem der Anwesenden ihrem Inhalt nach bekannt war.

Die Schrift oder die sonstigen mechanischen Vermittelungen können über alles Auskunft geben, was das sonnambule Bewusstsein des Mediums umspannt, aber über nichts, was von diesem nicht umspannt wird. Der Vorstellungsinhalt der Kundgebungen ist ebenso kenntnissreich oder unwissend, gebildet oder ungebildet, ernst oder possenhaft, gedankenreich oder läppisch, witzig oder plump, geistreich oder albern wie der sonnambule Bewusstseinsinhalt des Mediums. Darüber ist auch wohl im Allgemeinen kein Streit mehr; es giebt nur noch immer Individuen, welche den sonnambulen und den wachen Bewusstseinsinhalt des Mediums nicht auseinanderzuhalten wissen, und die Abweichungen des ersteren vom letzteren auf eine von der ganzen Person des Mediums abweichende Quelle beziehen. Es ist also wesentlich die mangelnde oder unzulängliche Kenntniss des Sonnambulismus, was die Spiritisten den auf der Hand liegenden alleinigen Ursprung des Inhalts der Kundgebungen verkennen lässt.

Das larvirte sonnambule Bewusstsein umspannt das gleichzeitig bestehende wache Bewusstsein, ohne von ihm umspannt zu werden, ebenso wie das offne sonnambule Bewusstsein das wache Bewusstsein der Vergangenheit umspannt, aber nicht umgekehrt. D. h. mit andern Worten: die Leitung von Vorstellungen und Wünschen aus den das wache Bewusstsein tragenden Hirntheilen in die das sonnambule Bewusstsein tragenden ist leicht, umgekehrt aber schwer. Daher kommt es, dass das sonnambule Bewusstsein Worte und Sätze schreibt, auf Fragen antwortet und Wünschen Rechnung trägt, welche dem wachen Bewusstsein, sei es vor dem Eintritt des larvirten Sonnambulismus, sei es während desselben, diktirt oder vorgelegt sind. Andererseits ist aber das sonnambule Bewusstsein auch im Stande, auf solche Fragen zu antworten und solchen Wünschen Rechnung zu tragen, welche wohl ihm erkennbar geworden sind (z. B. durch Gedankenlesen), aber nicht dem wachen Bewusstsein.

Der Inhalt des sonnambulen Bewusstseins unterscheidet sich von demjenigen des wachen Bewusstseins theils durch seine Form, theils durch seine Herkunft. Die Form ist meist anschaulicher, von grösserer sinnlicher Greifbarkeit, neigt mehr zu Symbolisirungen und Personifikationen, wird aber dadurch auch leicht verworren, dunkel und räthselhaft im Vergleich zu dem abstrakten Reflexionsgehalt des wachen Bewusstseins. Die Herkunft des sonnambulen Bewusstseinsinhalts ist theils das gleichzeitig bestehende wache Bewusstsein, theils das hyperästhetische Gedächtniss der ihm zu Grunde liegenden Hirntheile, theils die direkte Vorstellungsübertragung, theils endlich das eigentliche Hellsehen. Wer die Tragweite dieser verschiedenen Quellen des sonnambulen Vorstellungsinhalts recht erkennt, wird schwerlich in Versuchung kommen, nach einer anderweitigen Erklärung für den Vorstellungsgehalt der mediumistischen Kundgebungen zu suchen. Leider sind nur die Thatsachen der Gedächtnisshyperästhesie, der Uebertragung bewusster und unbewusster Vorstellungen, und des Hellsehens der grossen Masse der Spiritisten ebenso unbekannt wie ihren Gegnern; so weit sie ihnen aber bekannt sind, werden sie geflissentlich bei Seite geschoben und in ihrer Tragweite unterschätzt, weil sie ihren Herzenswünschen mit Vernichtung drohen.

Das hyperästhetische Gedächtniss des sonnambulen Bewusstseins liefert oft das erstaunlichste Material, dessen Herkunft man sich gar nicht erklären kann, weil das gleichzeitig bestehende wache Bewusstsein des Mediums nicht nur keine Erinnerung von diesem Material hat, sondern manchmal auch aus Nebenumständen irriger Weise darauf schliessen zu dürfen glaubt, dass solche Vorstellungen ihm noch niemals vorgekommen sein können. Wie das sonnambule Sprechen im Stande ist, den Klang von Worten oder Sätzen in fremden unverstandenen Sprachen zu wiederholen, die es vor langer Zeit achtlos ein Mal gehört hat, so ist das sonnambule Schreiben im Stande, das Gesichtsbild geschriebener oder gedruckter Worte und Sätze in unverstandenen Sprachen zu wiederholen, welche die Person früher einmal achtlos gesehen hat, oder auch solche herauszubuchstabiren aus dem im Gedächtniss bewahrten unverstandenen Wortklang in nicht ganz unverstandenen

Sprachen. Hat bei solchem Vorgang nebenbei die symbolisirende und personificirende Neigung des sonnambulen Bewusstseins dazu geführt, diese Kundgebungen einer nicht anwesenden Person als Diktat in den Mund zu legen, so muss das schauspielerisch umgestaltende Talent des sonnambulen Bewusstseins zugleich dahin wirken, diese Kundgebungen mit allerlei kleinen äusserlichen Zügen auszustatten, welche der vorgestellten Person eigenthümlich sind. Auf diese Weise können Kundgebungen zu Stande kommen, die nach Form und Inhalt so wenig als möglich dem wachen Bewusstsein des Mediums und so sehr als möglich dem vorausgesetzten Urheber des Diktats anzugehören scheinen; wer mit den Eigenthümlichkeiten des sonnambulen Bewusstseins nicht vertraut ist, wird in solchem Falle fast unvermeidlich der Täuschung verfallen, dass die Kundgebungen unter dem geistigen Einfluss der abwesenden oder verstorbenen Person stehen, welche durch deren Inhalt selbst als ihr Urheber bezeichnet wird.*)

Die Vorstellungsübertragung liefert Ergebnisse, welche für den mit diesem Thatsachenkreise Unbekannten noch überraschender sind als die Wirkungen der Gedächtnisshyperästhesie.**) Wir sehen hier ganz ab von der Deutung von Mienen, Geberden, unwillkürlichen Muskelbewegungen u. s. w., obwohl auch diese Deutung eine unwillkürliche, instinktive, reflektorisch zur Kundgebung gelangende und vom wachen Bewusstsein erst hinterher aus der reflektorischen Kundgebung zu erkennende sein kann. Wir beschränken uns vielmehr auf die Fälle, wo eine solche Art der Vermittelung durch die Versuchsanordnung zweifellos ausgeschlossen ist. Wir haben alsdann zu unterscheiden 1) gewollte Perception bei gewollter Einpflanzung, 2) gewollte Perception ohne den Willen zur Einpflanzung beim Andern, 3) nicht gewollte Perception bei gewollter Einpflanzung und 4) nicht gewollte Perception ohne den Willen zur

---

*) Dieser Art scheinen mir beispielsweise in der Hauptsache Asakow's „Philologische Räthsel, mediumistisch aufgegeben" (Ps. St. X, 547; XI, 1, 49 fg.)

**) Vgl. die bequeme Uebersicht dieses Gegenstandes bei du Prel: „Das Gedankenlesen" (Breslau, Schottländer, 1885, Pr. 60 Pf.); speciell S. 11—13, 16—18, 28—30.

Einpflanzung beim Andern. Der Wille zur Einpflanzung beim Uebertragenden und der Wille zur Auffassung beim Empfangenden sind mächtige Beförderungsmittel für das Zustandekommen einer Vorstellungsübertragung, und zwar scheint der Wille zur Einpflanzung eine ungleich grössere Kraft zu seiner Realisirung zu besitzen als der Wille zur Perception, eine so grosse Kraft, dass er bei Personen, die durch Liebe, Freundschaft oder magnetische Beziehungen in einem gemüthlichen Rapport stehen, jede irdische Entfernung überwindet. Der Wille zur Perception fremder Vorstellungen kann ebenfalls befördernd wirken, aber nicht in gleichem Maasse wie der Wille zur Einpflanzung, weil die Perception durch das wache Bewusstsein überhaupt unmöglich ist, und das sonnambule Bewusstsein nicht unmittelbar dem bewussten Willen unterworfen ist; besser als der bewusste Wille wirkt die Sehnsucht des Herzens, das innige und dringende Verlangen, weil es den Willen des sonnambulen Bewusstseins mit erregt und spannt.

Der Wille zur Einpflanzung wirkt gleichfalls, wenigstens in der Nähe, nur vermittelst einer Erregung der sonnambulen Hirntheile; aber diese aktive, in wenige Secunden koncentrirte Erregung ist leichter zu erzielen als die passive zur Perception, da einer kurzen Erregung beim Percipirenden vielleicht gar keine energische Vorstellung beim Andern entspricht. Der Wille zur Einpflanzung kann auch ein unbewusster, in den sonnambulen Hirnschichten wohnender sein, insofern die dringende Herzenssehnsucht den Wunsch erzeugt, sich einer geliebten Person vernehmlich zu machen; so können Schlafende diesen unbewussten Willen haben und ihre Traumbilder auf entfernte Wache oder Träumende übertragen. Mit dem Erlöschen der motivirenden Gefühle (Heimweh, Liebessehnsucht) pflegt dann auch der unbewusste Wille zur Vorstellungseinpflanzung zu verschwinden. Alle Berichte über willkürliche Einpflanzung anschaulicher Vorstellungen in eine entfernte Person weisen darauf hin, dass das Gelingen solcher Versuche von der Fähigkeit des Wollenden, sich vorübergehend in offenen oder larvirten Sonnambulismus zu versetzen, ebensosehr abhängt wie von der Sensivität des Empfangenden und der Stärke des gemüthlichen Rapports zwischen beiden. Der Erfolg scheint leichter, wenn die empfangende Person sich in träumendem oder halbwachem Zustand befindet, d. h. in einem Zustand, in welchem ihr waches Bewusstsein mehr oder minder unterdrückt ist.

Am sichersten scheint der Erfolg, wenn zwei Personen sich eine bestimmte Minute verabreden, in welcher sie ihre Gedanken auf einander richten und beide sich in offenen oder larvirten Sonnambulismus versetzen, und zwar muss der willensstärkere von beiden die aktive, der sensitivere von beiden die passive Rolle übernehmen. Haben sich zwei Personen auf diesen Fernverkehr erst eingeübt, so ist die Anknüpfung zwischen ihnen jederzeit herzustellen, indem der auf den einen gerichtete Wille des Andern in jenem zunächst ein unbestimmtes Gefühl oder eine ferne Lichterscheinung, oder sonst ein Merkmal wachruft, das ihm als Weckersignal dient und ihn veranlasst, sich in sonnambulen Zustand zur Perception bestimmterer Vorstellungen zu versetzen. Auf diese Weise sind die Geweihten höherer Grade in den Geheimbrüderschaften Tübets darauf eingeübt, mit einander Fernverkehr ohne Telegraphendrähte unterhalten zu können, und ähnliche Versuche sind in Europa vielfach gelungen.*) Sie haben am meisten Aussicht zwischen Magnetiseur und Sonnambule, falls der Magnetiseur im Stande ist, sich in offenen oder larvirten Sonnambulismus zu versetzen.

Personen, zwischen denen kein gemüthlicher Rapport besteht, werden keine Aussicht auf Gelingen einer Vorstellungsübertragung auf grössere Ferne haben; in diesem Falle muss räumliche Nähe oder materielle Verbindung die Uebertragung erleichtern, wenn sie überhaupt zu Stande kommen soll. Je näher die beiden Personen in demselben Zimmer sich stehen, desto besser gelingt die Uebertragung, während bei der Uebertragung über grosse Länderstrecken hin ein Einfluss der grösseren oder geringeren Entfernung nicht mehr bemerklich ist. Die Anwesenheit andrer Personen wirkt störend, weil alsdann die sich kreuzenden Einflüsse aller

---

*) Vgl. Psych. Stud. VII, 481—488, VI, 294—301, 344—352; ferner du Prel „Das Gedankenlesen", S. 24—26.

ihrer Vorstellungen die eine zu percipirende Vorstellung trüben und verwirren; insbesondere müssen Zuschauer in grösserer Entfernung vom Aufnehmenden stehen als der Uebertragende. Auch bei verbundenen Augen scheint Gegenüberstellung beider für den Erfolg günstiger als Hintereinanderstellung. Wenn mehrere Personen sich verabreden, dieselbe Vorstellung zum Bewusstseinsinhalt zu nehmen, so erleichtert diess die Uebertragung um so mehr, je grösser die Zahl ist, offenbar durch eine ähnliche Multiplikation oder Steigerung der Einwirkung, wie sie durch Verstärkung des Einpflanzungswillens und durch Verlebendigung der Vorstellung in einem Einzelnen erreicht wird.

Sehr erleichternd wirkt Berührung beider Personen, Anlehnen von Stirn gegen Stirn, Auflegen der Hand auf Stirn, Scheitel oder Hinterkopf, Erfassen der Hände; da jedoch hier schon der Einfluss des unbewussten Verstehens unwillkürlicher Muskelbewegungen mit in's Spiel kommt, so können solche Ergebnisse nicht mehr für unvermittelte Gedankenübertragung beweisen. Besser ist es schon, eine Kette von Händen zwischen beiden Personen zu bilden; doch treten hier die Zwischenpersonen störend ein, und man erhält nur dann noch positive Ergebnisse, wenn der Empfangende sonnambul ist und zu dem Uebertragenden in magnetischem Rapport, zu den Zwischenpersonen aber in keinem Rapport steht (Ps. St. IV, 298). Es ist mir unbegreiflich, dass man die Versuche noch nicht mit unorganischen Leitungen verschiedener Stoffe (Metalldrähten, feuchten Schnüren u. s. w.) angestellt hat, da sich hier jede Uebertragung von unwillkürlichen Muskelbewegungen durch Einschaltung von Zwischenbefestigungen mit Sicherheit vermeiden lässt. Zwischen Magnetiseur und Sonnambule bedarf es keiner Berührung oder Leitung, um Sinnesempfindungen und Gedanken des Ersteren auf die Letztere zu übertragen (Ps. St. III, 529—531). Auch bei diesen Versuchen scheint das Licht einen störenden Einfluss zu haben, was als Bestätigung für die entsprechende Behauptung der Medien gelten kann; ausserdem ist jede Ermüdung sorgfältig zu vermeiden, und Reihen von 30 bis 100 Versuchen hinter einander, wie Richet sie angestellt hat, als principiell verfehlt zu verwerfen. Was den Inhalt der Vorstellungen betrifft, so scheinen Gefühle, Gemüthsstimmungen und entschieden ausgeprägte Empfindungen der niederen Sinnesorgane am leichtesten übertragbar zu sein. Uebertragung musikalischer Empfindungen und Empfindungskombinationen scheint noch nicht versucht zu sein, obwohl das Telephon als Hilfsmittel sinnlicher Vergegenwärtigung solche Versuche erleichtert; natürlich muss der Errathende musikalisch genug sein, um die gehörten Accorde zu bezeichnen, oder die gehörten Motive nachzusingen. Im Bereich der Gesichtsvorstellungen ist die Uebertragung um so leichter, je mehr die Vorstellung durch hallucinatorische Deutlichkeit und Lebendigkeit sich der Wahrnehmung annähert; vielleicht liegt der alleinige Grund für die Erleichterung der Uebertragung in die Ferne bei Versetzung des Uebertragenden in sonnambulen Zustand darin, dass nur dieser Zustand eine hallucinatorische Deutlichkeit und Lebendigkeit der Vorstellungen ermöglicht. Was nicht sinnliche Wahrnehmung oder lebendige Reproduktion von solcher ist, wird um vieles schwerer übertragen, am leichtesten noch dann, wenn es sich in die sinnliche Wahrnehmungsform innerlich gesprochener und gehörter Worte kleidet.

Alle Uebertragungen in die Ferne bestehen in hallucinatorischen Gesichtsbildern, meist der Gestalt selbst desjenigen, der sich dem fernen Lieben persönlich kundgeben möchte; ich kenne keinen Fall, wo die von der Phantasie des Empfangenden einer solchen Gestalt in den Mund gelegten Worte von dem Uebertragenden als seine Wortvorstellungen verificirt worden wären. Alle Kundgebungen in die Ferne vollziehen sich durch mimische Bewegungen der eingepflanzten Hallucination oder durch symbolische Zuthaten zu denselben; aber niemals übertragen sich abstrakte Gedanken als solche in die Ferne.

In der unmittelbaren Nähe sind unter günstigen Umständen nicht nur Worte, Sätze und Zahlen, sondern auch abstrakte Gedanken und sogar ein gar nicht in Worte gekleideter Gedankengehalt übertragbar. Sonnambule vollziehen mit ziemlicher Sicherheit die Gedankenbefehle des Magnetiseurs (Ps. St. VI, 103—106), zumal wenn sie erst diese Art der Uebertragung geübt haben; sie sind im Stande, Worte und Sätze in unverstandenen Sprachen schriftlich und mündlich zu wiederholen, welche der Magnetiseur oder auch eine andre mit ihnen in Rapport gesetzte Person mit der Absicht der Uebertragung sich innerlich vorspricht, ja sogar sie verstehen den Sinn derselben, soweit der Uebertragende denselben versteht und beim lauten oder innerlichen Sprechen der Worte mit erfasst. Der Beweis dafür liegt darin, dass Sonnambule auf Fragen, die in ihnen unbekannten Sprachen gestellt werden, in den ihnen geläufigen Sprachen sinngemäss antworten, aber die Antwort schuldig bleiben, sobald die Frage in einer Sprache gestellt wird, die der Fragende selbst nicht versteht.*) Hier ist es klar, dass ein Gedankengehalt übertragen wird, der durch sich selbst, abgesehen von den für den Sonnambulen unverständlichen Worten, an denen er haftet, verständlich wird; es ist diess der vergeistigste Fall von Gedankenübertragung, der sich überhaupt denken lässt.

Wo der Wille zur Uebertragung in dem Besitzer der Vorstellung weder als bewusster noch als unbewusster vorhanden ist, aber der bewusste oder unbewusste Wille zur Perception in dem Errathenden besteht, da kann man im genauen Sinne des meist in zu weitem Umfang gebrauchten Wortes von „Gedankenlesen" sprechen, dem sich das „Charakterlesen" anschliesst. Ein Sonnambuler, welcher mit einer ihm bisher gänzlich unbekannten Person durch direkte Berührung, oder durch das Mittelglied des Magnetiseurs, oder durch Berührung eines die persönliche Aura des Betreffenden enthaltenden Objekts in Rapport gesetzt wird, empfängt einen gewissen Gesammteindruck von der Person, der sich aus einer Summe von sympathische und antipathischen Eindrücken zusammensetzt. Wenn nun der Wille des Sonnambulen sich auf die Verdeutlichung, Zergliederung und Wiedergabe dieser Eindrücke richtet, so wird dabei nach Maassgabe seiner

---

*) Du Prel, „Das Gedankenlesen", S. 19—22.

Sensitivität und seiner Fähigkeit zur Uebertragung der sensitiven Eindrücke in Worte ein mehr oder minder unvollständiges, unbestimmtes und ungenaues, aber doch nicht ganz unähnliches Bild der Persönlichkeit, ihres Charakters, ihrer augenblicklichen Gefühle und Stimmungen und unter Umständen auch ihrer augenblicklich Vorstellungen herauskommen. Das Gedankenlesen kann endlich zum unwillkürlichen Empfangen von Eindrücken werden, wenn die Sensitivität des Sonnambulen sehr hoch gesteigert, und die sonstigen Bedingungen günstig sind.

Was dabei die übertragenen Vorstellungen percipirt, ist immer nur das sonnambule Bewusstsein, niemals das wache Bewusstsein unmittelbar. Wenn das sonnambule Bewusstsein das allein bestehende ist, und über die Verständigungsmittel der Sprachwerkzeuge gebietet, so ist es nicht schwer, durch Abfragen den Thatbestand der stattgehabten Vorstellungsübertragung festzustellen. Anders, wenn das percipirende sonnambule Bewusstsein durch das wache Bewusstsein larvirt ist, und dieses die Alleinherrschaft über die Sprachwerkzeuge und die willkürlichen Muskeln besitzt. In solchem Falle kann man überhaupt gar nicht sagen, ob hinter dem wachen Bewusstsein ein sonnambules Bewusstsein besteht oder nicht, und ob es, wenn es besteht, die Vorstellungen Andrer percipirt oder nicht. Nur dann, wenn die Trennung zwischen sonnambulem und wachem Bewusstsein keine vollständige ist, sondern ein leiser Schimmer des sonnambulen Bewusstseinsinhalts unvermerkt in das wache Bewusstsein hineindämmert und dem Inhalt desselben eine schwache Färbung giebt, nur dann könnte man daran denken, mittelbar aus dem wachen Bewusstseinsinhalt auf eine stattgehabte Vorstellungsübertragung ins sonnambule Bewusstsein zurückzuschliessen.

Man muss also das wache Bewusstsein eines normalen Menschen rathen lassen, was der Andre für Vorstellungen im Bewusstsein hat, und wenn dieses in einer langen Versuchsreihe besser räth als die Wahrscheinlichkeitsrechnung ergiebt, wird man berechtigt sein, dieses Plus auf Rechnung eines geheimen Einflusses des gedankenlesenden sonnambulen Bewusstseins zu setzen, das auch im normalen Menschen verborgen liegt. Diese Versuche sind von Richet angestellt,*) und haben für das Errathen der Couleur von Spielkarten etwa 10 $^0/_0$ bessere Resultate ergeben, als die Wahrscheinlichkeitsrechnung, mit deren Ergebniss die blinden Controlversuche übereinstimmen; wären nicht alle Ergebnisse bei ermüdetem und übermüdetem Gehirn mit in Rechnung gestellt, so würde der Procentsatz zu Gunsten einer Beeinflussung des wachen Bewusstseins durch das sonnambule wohl erheblich grösser ausgefallen sein. Es ist dringend wünschenswerth, die Versuche mit Vermeidung jeder Ermüdung und mit Ausschluss des Lichts in grösserem Maassstabe zu wiederholen, ausserdem aber neue Versuchsreihen anzuschliessen, in welchen einerseits zwischen den Köpfen beider Personen eine Leitung angebracht wird, andrerseits die Zahl der übertragenden Personen schrittweise vermehrt und die Entfernung zwischen ihnen und dem Rathenden variirt wird.

Hat man mit Sensitiven zu thun, so gewinnen die Resultate ein ganz andres Aussehen. Während beim normalen Menschen unter normalen Bedingungen das sonnambule Bewusstsein nicht bloss unterhalb der Schwelle bleibt, sondern auch keinen merklichen Einfluss auf den Inhalt des wachen Bewusstseins besitzt, zeigt sich beim Sensitiven eine merkliche Beeinflussung des wachen Bewusstseins durch das sonnambule, welche beträchtlich gesteigert werden kann, wenn jeder störende und zerstreuende äussere Eindruck auf das wache Bewusstsein vermieden wird, und dessen Aufmerksamkeit sich auf die aus der sonnambulen Sphäre hinüberspielenden Reize koncentrirt. Die Versuche Baretts an gesunden aber sensitiven Kindern zeigen, dass die erfolgreichen Fälle der Uebertragung anschaulicher Vorstellungen (z. B. herbeizuholender Gegenstände) von einer vorstellenden Person auf die Sensitive die wahrscheinliche Ziffer um mehr als 100 $^0/_0$ übersteigen können, und dass bei der Uebertragung von mehreren die gleiche Vorstellung fixirenden Per-

---

*) „La suggestion mentale et le calcul des probabilités" (Revue philosophique 1884, No. 12 p. 609—674; 1885, No. 1 p. 115—118).

sonen die Chancen fast bis zur Sicherheit des Gelingens steigen können, so dass der Sensitive schon im Vorzimmer die Vorstellung der drinnen Sitzenden errieth.*)

Noch günstiger werden die Bedingungen, wenn die Schwierigkeiten des Uebergangs der Vorstellung aus dem sonnambulen in's wache Bewusstsein vermieden werden, d. h. wenn die Versuchsbedingungen so eingerichtet werden, dass das bestehende wache Bewusstsein gar nichts von dem Errathen und Kundgeben erfährt. Diess ist möglich, wenn die Reflexhemmungen der das wache Bewusstsein tragenden Hirntheile so weit abgeschwächt sind, um der Aussendung unwillkürlicher Innervationsimpulse durch die das sonnambule Bewusstsein tragenden Hirntheile Raum zu geben. Diess geschieht im Zustande eines larvirten Sonnambulismus, wo das vom wachen Bewusstsein verhüllte sonambule Bewusstsein entweder durch unwillkürliche Muskelbewegungen oder durch mediumistische Nervenkraft seinen Inhalt kundgiebt. Schon die Wünschelruthe ist selbst für anscheinend normale und nicht sensitive Menschen ein treffliches Hilfsmittel, um durch unwillkürliches Hinweisen die Vorstellungen andrer zu errathen, sofern diese auf einen im Zimmer befindlichen Gegenstand fixirt sind, und liefert Ergebnisse, welche die wahrscheinliche Ziffer der Erfolge um das Zwei- bis Dreifache übertreffen (Revue phil. 1184 No. 12, p. 639 suiv.).

Noch überraschender werden aber die Ergebnisse, wenn man den klopfenden Tisch, oder den Psychographen zu Hilfe nimmt, wozu freilich längere Vorübung als zum Gebrauch der Wünschelruthe gehört. Das unwillkürliche Schreiben mit der Hand lässt zu sehr einer Verwechselung mit willkürlichem Schreiben und dem Verdacht einer absichtlichen Täuschung Raum, als dass es sich zu beweiskräftigen Versuchen eignete; aber bei der fernwirkenden Schrift der Medien, wo die Verwechselung mit willkürlicher Schrift wegfällt,

---

*) Barett, Prof. der Physik am Royal College of Science für Irland: „Ueber Gedankenlesen", ein Vortrag (Ps. St. X, 105—111, 395—403, 451—458, XI, 57—63).

hat man ein möglichst reines Versuchsmaterial, das als zweifelloser Ausdruck des larvirten sonnambulen Bewusstseins denn auch in der That die überraschendsten Beweise von Gedankenlesen liefert. Wenn z. B. die Fragen in eine verschliessbare Tafel geschrieben werden, auf deren zweiter Innenseite alsdann das Medium fernwirkend die Antwort schreibt (Ps. St. IV, 388, XI, 497), so liegt doch keine Erklärung näher als die, dass das sonnambule Bewusstsein des Mediums die Frage aus der Vorstellung des sie Niederschreibenden percipirt und darauf die Antwort ertheilt.

Das Gedankenlesen wird dadurch noch verwickelter und der Erkennung entrückter, dass nicht bloss Vorstellungen des wachen Bewusstseins, sondern auch solche des larvirten sonnambulen Bewusstseins der Anwesenden in das sonnambule Bewusstsein des Mediums übergehen können. Mit vollständiger Sicherheit würde sich diese Behauptung nur dadurch feststellen lassen, dass man mit zwei Medien experimentirt, und von dem einen die Antworten errathen lässt, welche das andre auf gestellte Fragen ohne Vorwissen seines wachen Bewusstseins ertheilt. Mit annähernder Gewissheit lässt sich die Thatsache aber auch daraus erschliessen, dass die Sonnambulen häufig über die Vergangenheit des Fragenden eine Auskunft ertheilen, welche den augenblicklichen Erinnerungen seines wachen Bewusstseins widerspricht, dass sie aber dem Widerspruch gegenüber auf ihrer Auskunft beharren, und dass entweder die durch ihre Hinzufügung näherer Umstände geschärfte Erinnerung den eigenen Irrthum sofort anerkennt, oder dass später das durch zufällige Anlässe auf richtigere Fährte gelenkte Gedächtniss die Behauptung der Sonnambulen bestätigt.*) Gewöhnlich werden solche Fälle bereits als Hellsehen behandelt, doch scheint die Annahme näher zu liegen, dass in dem Fragenden ein larvirtes sonnambules Gedächtniss existirt, welches, durch die Frage angeregt, vermöge seiner Hyperästhesie sich richtigere Erinnerungen vergegenwärtigt, als das schwerfälligere Gedächtniss des wachen Bewusstseins. Es kann ferner einer der Anwesenden, dessen Interesse

---

*) Du Prel, „Das Gedankenlesen", S. 22—23.

nach einer bestimmten Richtung hin erregt ist, in seinem larvirten sonnambulen Bewusstsein Erinnerungsvorstellungen von früher gehörten oder gelesenen Sätzen in fremden Sprachen haben; diese Vorstellungen können vom Medium durch Gedankenlesen errathen und unwillkürlich geschrieben (oder abgeklopft) werden, ohne dass das wache Bewusstsein des Anwesenden die ihm sich darbietenden Ergebnisse als seine Erinnerungen anerkennt.*)

Da die in Rede stehenden Beispiele nicht eben häufig sind, und da es andrerseits einen nicht unbeträchtlichen Procentsatz von Menschen giebt, bei denen das unterhalb der Schwelle liegende larvirte sonnambule Bewusstsein eine gewisse Lebhaftigkeit besitzt, so steht nichts der Vermuthung entgegen, dass es nur solche Menschen mit larvirtem sonnambulen Bewusstsein sind, denen gegenüber die fragliche Erscheinung in Sonnambulen zu Stande kommt. Tritt ein solcher Fall ein, dass ein Sonnambuler zwei gleichzeitige von einander abweichende Vorstellungen in dem sonnambulen und wachen Bewusstsein des Fragenden sich gegenüber hat, so ist es nach dem Vorhergehenden nicht zu verwundern, dass die mehr hallucinatorische Vorstellung des sonnambulen Bewusstseins leichter percipirt wird als die mehr abstrakten Gedanken des wachen Bewusstseins, so dass die Erscheinung unter diesen Voraussetzungen sich auch ohne Hellsehen erklärt.

Slade schaute beispielsweise die Ziffern, welche auf drei Münzen in verklebten Pappschachteln enthalten waren, und Zöllner findet darin ein Beispiel von wirklichem Hellsehen, weil er die Münzen schon lange Zeit vorher in die Schachteln gethan hatte, und sich nicht einmal mehr genau erinnerte, was für Geldsorten es gewesen waren. Grade in diesem Falle scheint es mir zweifellos, obwohl die nachherige Bestätigung durch Berichtigung der Zöllnerschen Erinnerung fehlt, dass es sich nicht um Hellsehen sondern um Gedankenlesen sonnambuler Vorstellungen handelte. Denn dass Zöllner ein larvirter Sonnambuler war, der ohne sein Wissen

---

*) Vgl. Aksakow's schon oben erwähnte „Philologische Räthsel, mediumistisch aufgegeben".

mit Slade kooperirte, ist nach der ganzen Beschaffenheit der in jenen Sitzungen zu Tage getretenen Erscheinungen höchst wahrscheinlich, und ebenso wahrscheinlich ist es, dass Zöllner beim Einpacken der Geldstücke dieselben genau betrachtet hat. Diese beiden Voraussetzungen genügen aber, um zuzugeben, dass erstens Zöllners sonnambules Gedächtniss die Zahlen der Münzen in sich aufgenommen hatte, und dass zweitens bei der Spannung der Aufmerksamkeit auf den Gegenstand das hyperästhetische sonnambule Gedächtniss sich diese Zahlen deutlich vergegenwärtigte, während das Gedächtniss des wachen Bewusstseins sich vergeblich abmühte, sich auch nur der Geldsorten zu erinnern. Unter solchen Umständen konnte Slade's sonnambules Bewusstsein durch Vorstellungsübertragung die Zahlen percipiren, und das Auffallende bei dem Beispiel liegt nur darin, dass diese Perception so lebhaft war, um sie als visionäres Schauen in's wache Bewusstsein hinüberzuleiten und zum Aussprechen zu bringen, falls man nicht die Annahme vorzieht, dass in diesem Augenblick das wache Bewusstsein Slade's unter die Schwelle gesunken war und das sonnambule sich der Sprachwerkzeuge bemächtigt hatte. Da Slade zugleich Sprechmedium ist, so liegt auch für die letztere Annahme kein Hinderniss vor.

Ein Medium hat jederzeit das lebhafte Interesse, die offnen und die geheimen Gedanken der Anwesenden zu errathen; denn es hat das Interesse, überraschende Kundgebungen zu Tage zu fördern, und nichts kann überraschender für den „gesunden Menschenverstand" sein, als Kundgebungen einer Kenntniss, welche die Anwesenden mit keinem andern zu theilen glauben, oder welche sich sogar ihrem wachen Bewusstsein entzieht. Der Wille zur Perception ist deshalb im Medium stets als vorhanden vorauszusetzen. Arbeitet aber das Medium mit Personen, welche ihrerseits gleichfalls ein lebhaftes Interesse an dem Zustandekommen auffallender Erscheinungen haben, so muss in diesen sich der Wille entwickeln, das Medium nach Kräften zu unterstützen und ihm die Schwierigkeiten seiner Aufgabe zu erleichtern. Dadurch wird aber auch der unbewusste Wille zur Vorstellungsübertragung angeregt. Ausserdem berühren sich bei Cirkelsitzungen die Hände beider Personen, so dass alle Bedingungen für die Gedankenübertragung so günstig als möglich sind. Ist dann gar noch der Anwesende ein larvirter Sonnambuler wie Zöllner, so darf man sich über die das Durchschnittsmaass übertreffenden Erfolge solcher Sitzungen kaum noch wundern. Für Versuche über absichtliche Vorstellungsübertragung kann es keine geeigneteren und bequemeren Objekte geben, als Medien, welche die Fähigkeit zu fernwirkendem Schreiben besitzen; man muss nur endlich aufhören, die Nervenkraft solcher Medien zu einem kindischen Spiel mit thörichten Orakelfragen zu missbrauchen und zu einem systematischen Experimentiren übergehen. Diese Versuche müssten zuerst die Empfindungen der einzelnen Sinne betreffen und allmählich zu immer abstrakteren Vorstellungen aufsteigen; es müsste auch die Entfernung des Uebertragenden vom Medium allmählich vergrössert und der Procentsatz der erfolgreichen Versuche in seiner Abhängigkeit von der Entfernung untersucht werden. Für die Einwirkung aus grösseren (meilenweiten) Entfernungen müsste man dann ein zweites Medium heranziehen und auch hier festzustellen suchen, ob ein Einfluss der Entfernung besteht, und welcher Art er ist. Bisher bieten die spiritistischen Sitzungen für Vorstellungsübertragung aus grösserer Ferne noch kein Material, weil vorläufig nur immer das Medium der aktive Theil ist, anstatt sich, wie es bei solchen Versuchen nöthig ist, zum passiven Verhalten gegen ein anderes Medium an einem fernen Ort herabzusetzen.

Du Prel geht noch weiter und nimmt an, dass sich das Gedankenlesen nicht bloss auf solche Vorstellungen, welche aktuell im sonnambulen Bewusstsein gegenwärtig sind, sondern auch auf den latenten Gedächtnissinhalt erstrecke (Gedankenlesen S. 22). Als Beweis könnte die von ihm (9—10) angeführte Fähigkeit verschiedener Individuen (theils Besessener, theils kirchlicher Würdenträger, theils gewöhnlicher Menschenkinder wie Zschocke) gelten sollen, beim ersten Anblick eines Menschen und beim Hören seiner Stimme die Hauptmomente seines Lebens auschaulich an sich vorüberziehen zu sehen. Du Prel geht dabei von der Annahme aus, dass das aktuelle sonnambule Bewusstsein zugleich das latente Gedächtniss des wachen Bewusstseins sei, hat also nur mit der Schwierigkeit zu thun, wie aus dem gleichzeitigen Durcheinander aller wichtigen und unwichtigen Erinnerungen im sonnambulen Bewusststein die wichtigeren in geordneter Reihenfolge herausgelesen werden sollen. Da ich dem sonnambulen Bewusstsein ebensogut wie dem wachen nur einzelne aktuelle Vorstellungen und daneben ein latentes Gedächtnissmaterial in den molekularen Prädispositionen der zu Grunde liegenden Hirntheile zuschreibe, so müsste ich eine hellsehende Uebertragung der molekularen Hirnprädispositionen supponiren, wenn nicht die Auskunft bliebe, dass der Gedankenleser durch seinen unbewussten Willen zum Charakter- und Schicksallesen das sonnambule Bewusstsein der betreffenden Person zur Rückerinnerung an die Hauptmomente ihres Lebens magnetisch zwingt und die so aktualisirten Anschauungen percipirt.*) Diese Annahme verdient meiner Meinung nach immer noch den Vorzug vor der andern, dass der Seher durch den sinnlich hergestellten Rapport mit der Person angeregt wird, deren Schicksale nebst den Schauplätzen einer Wendepunkte hellsehend aus sich zu restituiren.

Vom Gedankenlesen unterscheidet sich nämlich das Hellsehen dadurch, dass dort nur die aktuellen Vorstellungen wacher, träumender oder sonnambuler Personen durch eine gewisse Resonanz des eignen sonnambulen Bewusstseins percipirt werden, während hier nicht mehr fremder Bewusstseinsinhalt sondern thatsächliche objektive Erscheinungen als solche ohne die normale Vermittelung der Sinneswerkzeuge percipirt werden.**) Der Ausschluss der Wahrnehmung durch die normalen fünf Sinne schliesst zunächst keineswegs aus, dass doch irgend eine sinnliche Vermittelung stattfindet; aber diese Vermittelung wirkt nicht auf Gesicht, Gehör, Geruch, Geschmack oder Tastsinn, sondern auf das sen-

---

*) Zschocke: „Eine Selbstschau" (Aarau, Sauerländer, 1842), Bd. I, S. 273—276.
**) Dieser Unterschied zwischen Gedankenlesen und Hellsehen ist schon von Gregory in seinen „Letters on animal magnetism" (1851) betont werden, hat aber bis jetzt nur zu wenig Beachtung gefunden (Vgl. Wallace „Die wissenschaftliche Ansicht des Uebernatürlichen", deutsch von Wittig, S. 24—26).

sitive Gefühl, dessen Wahrnehmungen dann erst durch das sonnambule Bewusstsein in Gesichts- oder Gehörs- oder Gedanken-Vorstellungen umgesetzt werden. Am leichtesten erklärlich ist das sensitive Gefühl für die persönliche Ausdünstung von Menschen oder Thieren, Wahrnehmung unbemerkter Katzen, Bezeichnung desjenigen unter mehreren Gläsern mit Wasser, in welches ein Mensch den Finger getaucht hat (Ps. St. X, 113—114, 255—257), weil hier keine Umsetzung in die Wahrnehmungsformen eines der fünf Sinne statt zu finden braucht, sondern sofort der Gedanke sich einstellt. Schwieriger erklärlich ist es schon, wenn ein Sonnambuler durch sein Gefühl die Zeit richtig angiebt, welche eine beliebig gestellte und in ein Kästchen gelegte Uhr zeigt, wobei er die Gegenstände an die Seite des Kopfes legt und dann gleichsam zu sehen glaubt (III, 532), oder wenn er den Wortlaut von Devisen angiebt, die in Nüssen eingeschlossen erst kurz vorher gekauft und keinem der Anwesenden bekannt sind (IV, 299). Noch komplicirter wird der Fall, wenn der Magnetiseur den Finger auf ein beliebiges ihm unbekanntes Wort der Zeitung setzt und die Sonnambule das Wort angiebt; hier müsste man, um das eigentliche Hellsehen zu umgehen, schon annehmen, dass das sonnambule Bewusstsein des Magnetiseurs durch seinen Finger das Wort percipire, und dass der Sonnambule diese Vorstellung durch Uebertragung des Gedankens erhalte. Die Schwierigkeit steigert sich weiter, wenn ein Medium durch fernwirkende Schrift eine beliebig angegebene Seite eines unter den Tisch gelegten geschlossenen Buches abschreibt, wenngleich gerade bei mediumistischen Sitzungen auf eine beträchtliche Erweiterung der sensitiven Wahrnehmungssphären des Mediums zu rechnen ist.

Dem eigentlichen Hellsehen schon näher stehen die Fälle, wo das sensitive Gefühl nur zur Herstellung des Rapports, zur Hinlenkung des sonnambulen Bewusstseins auf diesen Punkt oder Gegenstand unter unendlich vielen möglichen, aber nicht als Ersatz der Sinneswahrnehmung, d. h. zur Uebermittelung des gesammten Vorstellungsgehalts dient. Wenn z. B. ein Sonnambuler aus dem Gefühl einer Haarlocke die Art der Schmerzen und die Natur der Krankheit bestimmt, an welchen die entfernte und ihm fremde Person leidet, oder durch ein Stück Elephantenzahn, das unter Lava gefunden worden, zu Visionen von Elephantenheerden und Vulkanausbrüchen angeregt wird, oder wenn ein Sensitiver, zu Hallucinationen Geneigter durch das unter den Dielen seines Schlafzimmers liegende trockne Blut zu Visionen eines Selbstmörders oder einer Mordthat angeregt wird, welche mit den ihm unbekannten vergangenen Thatsachen dieses Orts übereinstimmen, oder wenn jemand durch unwillkürliches Schreiben die dreihundert Jahr alte poetische Widmung eines Spinetts, die er erst später in einer Spalte versteckt auffindet, im voraus wenn auch nicht wortgetreu so doch sinngetreu aufzeichnet,*) so ist in allen diesen Fällen Hellsehen im Spiele. In diesen Beispielen ist aber die Möglichkeit der unbewussten gefühlsmässigen Rekonstruktion der Ursachen aus den empfundenen Wirkungen noch verhältnissmässig gross; denn wir können gar nicht wissen, bis zu welchem Grade der Feinheit die Spuren der vergangenen Ereignisse in ihren Residuen aufgespeichert sind und von einem Hochsensitiven herausgefühlt werden können.

Dagegen schwindet die sinnliche Vermittelung auf ein unangebbares Minimum zusammen, wo statt einer sensitiven Gefühlswahrnehmung ein Willensinteresse die Herstellung des Rapports übernimmt, z. B. eine starke Liebe oder Freundschaft, oder ein mächtiger Patriotismus und Heimathssinn. Das Fernsehen gewaltiger Naturereignisse in einem fernen Lande (Brände, Erdbeben, Krieg u. s. w.) könnte man, insofern es ein gleichzeitiges ist, noch auf Gedankenlesen in dem Bewusstsein dort anwesender Personen zurückzuführen suchen, und den Blick in die Zukunft könnte man als unbewusste Schlussfolgerung aus den durch Gedankenlesen erkannten gegenwärtigen Zuständen zu deuten versucht sein, da ja die gegenwärtigen Zustände ebenso den Keim der Zukunft in sich schliessen wie den Niederschlag der Vergangenheit. Indessen wird diese Deutung doch sehr schwierig, wo es sich um Ereignisse handelt, die nicht innerhalb des einfachen Verlaufs einer Causalreihe liegen, sondern durch unvermuthete Kreuzung

---

*) Owen, „Das streitige Land", I, 179—184.

von anscheinend weit auseinanderliegenden Causalreihen entspringen.*)

Ein Leichenseher, d. h. ein solcher, der träumend oder wachend Todesfälle in seinem Bekanntenkreise oder Heimathsort voraussieht, kann aus den durch Gedankenlesen erkannten Gefühlen von Schwerkranken unbewusst schliessen, dass es mit denselben zu Ende geht, oder aus den durch Gedankenlesen erkannten Stimmungen eines Gesunden unbewusst schliessen, dass er nahe daran ist, zum Selbstmord zu schreiten. Aber warum tritt dann nicht das unmittelbare Ergebniss des Gedankenlesens in's wache oder träumende Bewusstsein, warum erst ein Schluss aus diesem? Und warum sind es oft grade die unwesentlichen Details der Todesart, oder des Leichenzuges, welche sich als vorausschauende Vision vergegenwärtigen? Wie ist aus der gegenwärtigen Konstellation der Verhältnisse oder gar aus dem gegenwärtigen Bewusstseinsinhalt andrer Menschen zu entnehmen, dass beispielsweise ein Selbstmörder grade diese Stelle in der Stadt aussuchen wird, um sich zu erschiessen, oder dass dieses Pferd scheuen, bäumen, den gesunden Reiter abwerfen und tödtlich verletzen wird? Wie ist es zu erklären, wenn eine Dame einen Leichenzug mit wohlbekannten Leidtragenden vom Fenster aus durch ihren Garten ziehen sieht, der noch niemals zum Durchzug von Leichen benutzt ist, aber in Folge einer Wegzerstörung durch Ueberschwemmung nach einigen Tagen wirklich zum Durchzug des vorausgeschauten Leichenzuges geöffnet werden muss? Wie kann die Kenntniss von aller Menschen Gedanken im Geringsten dazu förderlich sein, um bevorstehende Feuersbrünste im Orte oder seinen Nachbarorten vorauszusehen, die durch Blitzschlag oder andre zufällige, d. h. aus fern abliegenden Causalreihen entspringende Ereignisse bewirkt werden?

In solchen Fällen scheint es weder eine sinnliche Vermittelung noch eine mögliche Zurückführung des Bewusstseinsinhalts auf Gedankenlesen zu geben, und der Rapport scheint lediglich durch das Interesse für den Bekanntschaftskreis oder den Heimathsort bedingt.

---

*) Vgl. Du Prel: „Das zweite Gesicht" (Breslau bei Schottländer, 1883, Preis 50 Pf.), S. 13—18.

In solchen Fällen erst hat man es zweifellos mit völlig reinem Hellsehen zu thun, das immer in hallucinatorischer Gestalt *), wenn auch häufig in symbolischer Einkleidung auftritt. Grade diese Art des „zweiten Gesichts" ist aber weit häufiger als man denkt, und man wird bei vertraulichen Erkundigungen in einem sehr grossen Procentsatz von Familien eine Leichenscherin oder „Spoekenkikerin" oder doch die Ueberlieferung von einer solchen finden. Dieses eigentliche Hellsehen kann darum weder auf Gedankenlesen noch auf sensitiver Auffassung von Aetherschwingungen irgend welcher Art beruhen, sondern muss als eine Fähigkeit zum geistigen Ueberspringen von Raum und Zeit anerkannt werden. Dabei ist die Hallucination, welche dem Bewusstsein die Zukunft verkündet, offenbar nur das letzte Ergebniss absolut unbewusster psychischer Processe, welche als solche keiner sinnlichen und materiellen Vermittelung bedürfen.

Entweder gesteht man solchen Thatsachen gegenüber der Individualseele das Vermögen absoluten, d. h. von Zeit und Raum unbeschränkten, Wissens zu, oder man geht von der Individualseele auf deren wesenhafte Wurzel im absoluten Geiste zurück; in beiden Fällen bedarf man keiner Beihilfe von aussen und keiner Zwischenglieder mehr, am wenigsten von den Geistern Verstorbener, die doch auch nur Individualseelen sind.

Im ersteren Fall trennt man die Monaden oder Individuen von ihrem absoluten Grunde ab, aus dem sie doch nothwendig entsprossen sein müssen, schreibt ihnen eine Eigenschaft zu, welche nur dem Absoluten zukommt und geziemt; im andern Falle erinnert man sich der unzertrennbaren Nabelschnur, welche jedes Geschöpf mit seiner Allmutter Natur verbindet, und denkt daran, dass auch in dieser Nabelschnur geistige Säfte kreisen müssen, die nur für gewöhnlich nicht Gegenstand des Bewusstseins werden. Wenn alle Individuen höherer und niederer Ordnung im Absoluten wurzeln, so haben sie auch an diesem eine zweite rück-

---

*) Es können ebensowohl Gehörs- wie Gesichts-Hallucinationen sein, z. B. kann sich das Voraussehen einer Feuersbrunst durch das Hören der Feuerglocken und des Feuerlärms vollziehen, oder das Vorauswissen in die gehörten Worte einer Phantasiegestalt gekleidet sein.

wärtige Verbindung unter einander, und es braucht nur durch ein intensives Willensinteresse der „Rapport" oder Telephonanschluss zwischen zwei Individuen im Absoluten hergestellt zu werden, damit der unbewusste geistige Austausch zwischen denselben sich auch ohne sinnliche Vermittelung vollziehen kann. Die Hyperästhesie der das sonnambule Bewusstsein tragenden Hirntheile macht die Inspirationen aus den absolut unbewussten (immateriellen) psychischen Funktionen der eigenen Individualseele um vieles leichter als der normale Erregbarkeitszustand der das wache Bewusstsein tragenden Hirntheile; die absolut unbewussten Funktionen der Individualseele sind aber wiederum eo ipso Funktionen des absoluten Subjektes als eines eingeschränkten, und das starke Willensinteresse dient zur Motivation solcher unbewusster Funktionen, welche auf das sonnambule Bewusstsein inspirirend wirken.

Im absoluten Wissen des absoluten Geistes sind die Fäden aller Causalreihen ideell zu einer einzigen Gesammtanschauung verschlungen, deshalb ist aus ihr auch das scheinbar Zufällige an den Ereignissen der Zukunft im voraus bestimmbar. Die Allwissenheit des absoluten Geistes umspannt implicite im gegenwärtigen Weltzustand die Zukunft ebenso gut wie die Vergangenheit; darum kann das Individuum vermöge eines intensiven Willensinteresses ebensowohl die Einzelheiten zukünftiger Ereignisse aus dem unbewussten Wissen des absoluten Geistes unbewusst herausschöpfen, wie es die Einzelheiten der gegenwärtigen Weltlage an räumlich von ihm entfernten Punkten aus demselben zu entnehmen vermag. Insofern die absolut unbewussten psychischen Funktionen verschiedener Individualseelen letzten Endes doch nur Funktionen desselben absoluten Subjekts mit Beziehung auf verschiedene Organismen sind, lässt sich von diesem konkret-monistischen Standpunkt aus begreifen, dass das starke Willensinteresse einer Individualseele ausreicht, um ohne Rücksicht auf Entfernung im absoluten Subjekt Funktionen auszulösen, welche auf den Organismus eines andern Individuums gerichtet sind, und insofern als integrirende Bestandtheile oder Funktionen der zu jenem gehörigen Individualseele erscheinen. Wirken die so ausgelösten

Funktionen erregend oder inspirirend auf die sonnambulen Hirntheile, so ist die Hallucinationsübertragung in das sonnambule Bewusstsein eines Andern fertig.

Diese gemeinsame Erklärung des Hellsehens und der Hallucinationsübertragung in weite Ferne scheint mir die einzig mögliche, während ich für die Vorstellungsübertragung in unmittelbarer Nähe die Erklärung Barett's für die richtige halte. Nach dieser erzeugt jede Gehirnschwingung, welche einer Vorstellung korrespondirt, eine Sphäre von Induktionsschwingungen im Aether, durch welche in andern Gehirnen ähnliche Schwingungen inducirt werden. Die erste Hälfte der Annahme ist nach unsern heutigen physikalischen Anschauungen fast unvermeidlich, und die Zweifel können sich nur darauf richten, ob die Induktionssphäre stark genug ist, um andre Hirne merklich zu beeinflussen, und ob die Art dieser Beeinflussung eine solche ist, um ähnliche Vorstellungen zu induciren. Die Thatsache, dass die das wache Bewusstsein tragenden Hirntheile gar nicht, die sensitiveren sonnambulen Hirntheile aber merklich von fremden Vorstellungen beeinflusst werden, dass die Stärke dieser Beeinflussung mit der Entfernung rasch abnimmt und durch Licht gestört wird, lässt die Vermuthung gegründet erscheinen, dass die vorauszusetzende Induktionssphäre von Aetherschwingungen wirklich der Grund für das Zustandekommen eines ähnlichen Schwingungskomplexes in einem nahestehenden Gehirn ist.*)

Zweifelhafter ist die Entscheidung bei der Vorstellungsübertragung auf weite Ferne, wo du Prel und Hellenbach ebenfalls eine Vermittelung durch Aetherschwingungen annehmen. Ich glaube dagegen, dass dieser Fall mit dem Hellsehen zusammen unter eine Erklärung gehört, also auf eine wurzelhafte Kommunikation zwischen den Individuen durch Rapport oder Telephonanschluss im Absoluten hindeutet. Ich schliesse diess daraus, dass bei der Vorstellungsübertragung in weite Ferne kein Unterschied zwischen grösseren und geringeren Entfernungen zu bestehen scheint, dass hin-

---

*) Näher ausgeführt und vertheidigt ist diese Hypothese von Prof. Dr. O. Simony in seiner Schrift: „Ueber spiritistische Manifestationen vom naturwissenschaftlichen Standpunkt", Wien bei Hartleben, 1884.

gegen die Vorstellungsübertragung in unmittelbarer Nähe rasch mit der Entfernung (vermuthlich proportional dem Quadrat derselben) abnimmt und dadurch ziemlich bald an eine Grenze gelangt, wo der Einfluss auch bei grösster Intensität eines einzelnen Willens aufhört. Allerdings sehen wir das Licht auf weite Entfernungen, aber doch nur mit einem eigens dafür organisirten Sinnesapparat und auch nur dann, wenn kein undurchsichtiger Körper dazwischensteht; dabei erscheinen uns glühende Bälle von riesigen Abmessungen als ausdehnungslose schwache Lichtpunkte. Wenn auch Gravitation und Magnetismus durch undurchsichtige Körper hindurchwirken, so gehören doch ganz gewaltige Kräfte und entsprechend grosse Massen dazu, um bei Abnahme der Kraft im quadratischen Verhältniss der Entfernung auf weite Fernen hin eine beträchtliche Wirkung zu üben. Die lebendige Kraft der Schwingungen beschränkter Gehirntheile, wie sie einer isolirten Vorstellung korrespondiren, ist ganz unvergleichlich gering gegenüber dem Licht und der Gravitation von Himmelskörpern. Wäre zum Beispiel die Gefühlssensitivität des sonnambulen Bewusstseins ausreichend, um über den Ocean hinüber, d. h. genauer durch ein grosses Stück der Erdkugel hindurch, von der Induktionssphäre einiger vereinzelten Gehirnschwingungen afficirt zu werden, so würde auf ein so sensitives Individuum fortwährend eine solche Menge tausendfach stärkerer Eindrücke einstürmen, dass es vor der Masse und relativen Gewalt aller dieser Störungen gar nicht zur Besinnung käme, und ihm das Leben rein unmöglich würde. Darum meine ich, dass die Vorstellungsübertragung in der Nähe und in der Ferne ganz verschiedene Erklärungsprincipien erfordert, und dass die letztere mit dem eigentlichen Hellsehen verwandter ist als mit der ersteren.

Nach alledem scheint es mir unmöglich, die Vorstellungsübertragung auf weite Fernen und das eigentliche Hellsehen durch physikalische Vermittelung zu erklären, und es scheint mir eben dadurch unvermeidlich, dass man zu einer metaphysischen übersinnlichen Erklärung zurückgreifen muss. Diese übersinnliche Erklärung führt aber keine neuen Hypothesen ein, wie es z. B. die Erklärung durch Geister thut, sondern stützt sich lediglich auf den doch höchstens von materialistischer Seite zu bestreitenden Urstand der natürlichen Individuen im Absoluten. Diese Erklärung geht zwar über die bloss natürliche Sphäre hinaus, aber auch nur insofern sie auf die übernatürliche Wurzel des gegebenen Natürlichen zurückgreift, ohne welche dieses weder Essenz noch Existenz hätte; aber sie ist nicht übernatürlich in dem Sinne, dass sie eine jenseits der natürlichen belegene Daseinssphäre, eine hinter der gegebenen lauernde verborgene Welt übernatürlicher Individuen heranzöge. Sie verzichtet nur darauf, das Natürliche in der üblichen Abstraktion von seinem übernatürlichen Grunde festzuhalten, und nimmt es statt dessen in seiner konkreten Einheit mit dem ihm als Wesen und Substanz immanenten übernatürlichen Grunde. Gerade bei den Erscheinungen des eigentlichen Hellsehens (z. B. der Leichenseherei) ist es noch niemand eingefallen, die Ursache zu dieser aussergewöhnlichen Leistung wo anders als in dem hellsehendem Individuum selbst zu suchen; d. h. das einzige Erscheinungsgebiet, bei dem man mit bloss natürlichen oder abstrakt natürlichen Ursachen nicht auskommt, fällt nicht unter den Begriff des Spiritismus.

Uebrigens scheint das eigentliche Hellsehen bei professionellen Medien nur deshalb nicht vorzukommen, weil sie den Anwesenden meist fremd und ohne tiefere Gemüthstheilnahme gegenüberstehen, und deshalb das Willensinteresse zur Anknüpfung der wurzelhaften Kommunikation fehlt. Für die Vorstellungsübertragung, an welcher die Medien ein Interesse haben, reicht die Induktion der Hirnschwingungen aus, so dass gar kein Bedürfniss zur Herstellung einer rückwärtigen Telephonverbindung vorliegt; für die vergangenen und künftigen Schicksale der Sitzungstheilnehmer und ihres Verwandten- und Freundeskreises kann aber noch viel weniger ein so tiefes Interesse erwachen, dass der unbewusste Wille aus dem absoluten Wissen seines absoluten Grundes zu schöpfen sich gedrungen fühlte. Was von den Spiritisten an ihren Medien für Hellsehen gehalten wird, ist keines; das eigentliche Hellsehen, die zarteste, wenngleich krankhafte Blüthe des unbewussten Geisteslebens der Menschheit, lernen die Spiritisten an ihren Medien bis jetzt nicht einmal kennen, weil diese ihr Geschäft viel zu handwerksmässig betreiben. Für die Entwickelung echten Hellsehens in mediumistischen Sitzungen sind die Bedingungen weit günstiger, wenn Privatmedien im Kreise von Familienmitgliedern, Geliebten und nahen Freunden sitzen; wenn hier echtes Hellsehen eintritt, so kann es die verblüffendsten Kundgebungen hervorbringen, ohne dass man nöthig hat, nach einer andern Quelle ihres Inhalts zu suchen, als derjenigen, welche im Medium selbst und seiner wurzelhaften Verbindung mit seinem absoluten Grunde gegeben sind.

Am Schlusse dieses Abschnitts kann ich nicht dringend genug davor warnen, das theoretische Interesse, welches diese Erscheinungen erwecken, zu einem praktischen zu erweitern, oder gar das letztere an die Stelle des ersteren zu setzen. Dass tübetanische Mönche dazu gelangt sind, die Vorstellungsübertragung zu einer Art von Telegraphie auszubilden, lässt sich daraus begreifen, dass ihnen ein naturgemässes Post- und Telegraphen-System fehlt. Wir, die wir im Besitz eines solchen sind, haben gar kein Interesse daran, uns auf seelische Fernwirkungen einzuüben, die doch in ihrer hallucinatorischen Gestalt nur eine sehr unvollkommene, unzulängliche und unsichre Art der Gedankenmittheilung gestatten. Noch unvernünftiger aber ist es, die Gabe des Hellsehens zu pflegen. Denn wenn irgend etwas geeignet ist, uns das Leben erträglich zu machen, so ist es die Unkenntniss der Zukunft, welche der Hoffnnung und dem Streben Raum lässt.

Ein Mensch, der das Unglück hat, die Todesfälle in seinem Bekanntenkreise vorherzusehen, ist ein Spiegel, der dem Unglück und den Leiden der Zukunft gestattet, ihre Schatten schon in die Gegenwart zu werfen; im besten Falle gelangt er dazu, seine Visionen still in sich zu verschliessen und sich gegen die Unerfreulichkeit seiner krankhaften Anlage abzustumpfen und zu verhärten. Da nur wichtige Ereignisse so weit das Interesse erregen, um vorausschauende Visionen hervorzurufen, von den wichtigeren Ereignissen im menschlichen Leben aber der bei weiterem grössere Theil schmerzlicher und trauriger Art ist, so muss auch die Voraussicht weit mehr Leiden als Freuden anticipiren; da aber diese Leiden unabwendbar sind, so spricht die prophetische Gabe der Wahrheit Hohn, dass man ein unabwendliches Leid niemals spät genug erfahren kann. Nur in ganz seltenen Ausnahmefällen bezieht sich das Vorausschauen auf Naturereignisse (Schiffsuntergang, Hauseinsturz u. dgl.), welche den Menschen mit Untergang bedrohen, wenn er sich ihnen nicht entzieht; aber solche Winke zur Vermeidung von drohenden Gefahren sind vielleicht seltener als die grausame Ironie, mit welcher grade die Voraussicht nur zu oft den Menschen in das Unglück treibt, weil er ihm zu entgehen gesucht hatte. Die Sage ist voll von solchen Beispielen; von neueren will ich nur den Lokomotivführer erwähnen, der den auf den Schienen liegenden Körper seines Vaters zwar im Mondschein sieht, aber ärgerlich überfährt, weil er in den beiden vorhergehenden Nächten an derselben Stelle vergeblich vor seiner Hallucination den Zug zum Stehen gebracht hat. Wer die unglückliche Gabe des Hellsehens besitzt, thut unbedingt wohl, sie möglichst zu ignoriren und auf keine Weise durch Uebung zu stärken, vielmehr eine Lebensweise zu führen, welche der Entfaltung dieser Gabe nicht förderlich ist.

4. Die Transfigurationen und Materialisationen.

Wenn eine Sonnambule von ihrem Magnetiseur den Befehl erhält, eine andre Person zu sein, als sie ist, so vollzieht sie diesen Befehl mit der automatenartigen Willenlosigkeit und mit der hallucinatorischen Lebendigkeit, wie sie nur dem sonnambulen Bewusstsein eigen sind. Sie versetzt sich in die mit einigen Stichworten bezeichnete Figur und deren Charakter wie ein extemporirender Schauspieler in seine Rolle, spricht nur noch in dem Sinne derselben, äussert Ansichten, Sympathien, Antipathien und Wünsche, welche deren Charakter gemäss sind, und unterstützt ihre Reden durch entsprechende mimische Haltung und Geberden, wenn ihr Sonnambulismus so weit vertieft ist, um diess zu gestatten. Die automatenartige Willenlosigkeit des Sonnambulismus ist nicht schärfer zu charakterisiren als durch die Bereitwilligkeit, mit welcher der Sonnambule seine ganze Persönlichkeit wegwirft und sich in eine aufoktroyirte andere versetzt, die vielleicht seinem Alter, Geschlecht, Charakter, religiösen Glauben und politischen Ansichten diametral entgegengesetzt ist. Ja sogar die Qualität als Mensch wird aufgegeben und mit der eines Thieres vertauscht, das vom Magnetiseur näher bezeichnet ist; die Erfahrungen des Sonnambulismus erklären das Wunder der Circe auf natürlichem Wege, vorausgesetzt, dass ihre magnetische Kraft stark genug war, die Gefährten des Odysseus zu hypnotisiren und sowohl sich selbst als auch einander für Schweine ansehen zu lassen.

Was im provocirten Sonnambulismus möglich ist, das ist auch im Autosonnambulismus, sowohl im unwillkürlich eintretenden, wie im spontan hervorgerufenen möglich. Wie es Irrsinnige giebt, die sich für Thiere halten und als solche benehmen, wie namentlich in früheren Zeiten solche irrsinnige Hallucinationen strichweise epidemisch auftraten (Wehrwölfe), so kann auch im spontanen Autosonnambulismus der Medien eine Selbstversetzung des Ich, eine innere Transfiguration der eigenen Persönlichkeit eintreten, welche sich durch entsprechende Haltung, Geberde und Rede manifestiren kann. Es gehört dazu die Vorbedingung, dass das Medium bei der Versetzung in Sonnambulismus die Stelle des dirigirenden Magnetiseurs ausfüllt, d. h. durch seinen noch wachen Willen seinem sonnambulen Bewusstsein die Direktive für seine automatenartigen Hallucinationen giebt. Die Personen, in welche das Medium als sonnambules sich transfigurirt glaubt, werden in solchem Falle abhängig sein von den Gestalten, welche die Phantasie desselben am meisten beschäftigen, beziehungsweise auf deren Erscheinung, wie das Medium weiss, die Erwartung der Zuschauer gerichtet ist. Da die Medien die Tradition der spiritistischen Kreise kennen lernen, bevor sie über physikalische Manifestationen und Gedankenlesen hinausgelangt sind, so wird es erklärlich, dass gewisse Figuren in den Produktionen ganz verschiedener Medien ebenso stereotyp wiederkehren, wie Arlequin, Pierrot, Colombine u. s. w. in der Harlekinade; sie nennen sich John King, Katie King u. s. w., und werden ergänzt durch den Orientalen mit Turban, das naseweise kleine Mädchen unter verschiedenem Namen u. a. m. In diese Typen hat die Phantasie der Medien sich derart eingelebt, dass dieselben sich ihnen zunächst als Figuren für die Selbstversetzung des Ich darbieten; schon im larvirten Sonnambulismus spielen dieselben ihre Rolle, indem die Kundgebungen mit Vorstellungsinhalt sie als Urheber der manifestirten Intelligenz bezeichnen und selbst schon mehr oder weniger im Charakter dieser Typen gehalten sind. Diese sich fortschleppende Tradition schliesst natürlich nicht aus, dass die Phantasie der verschiedenen Medien auch noch mit eigenthümlichen Figuren geschwängert ist, die sich im sonnambulen Zustande entbinden, indem das sonnambule Ich-Bewusstsein in dieselben überfliesst, gleichviel ob daneben ein Bewusstsein von dem Fortbestand des aufgegebenen Ich als eines uneigentlichen sich behauptet oder nicht.

Es ist auffallend, eine wie grosse Veränderung der Gesichtszüge, der Körperhaltung, des Ganges u. s. w. die sonnambule Transfiguration in der äusseren Erscheinung des Sonnambulen hervorzubringen vermag; die Grösse der Gestalt kann scheinbar beträchtlich abnehmen und etwas zunehmen, die Stimme und Aussprache eine ganz andre werden, und selbst die Turgescenz der Haut und die Feuchtigkeit des Augapfels können dadurch verändert werden. Auch bei mimischen Genies hat man derartige Veränderungen in einem den Laien überraschenden Grade beobachtet; die sonnambule Transfiguaration verleiht aber durch die Lebhaftigkeit und Unwillkürlichkeit der Hallucination einen Grad von Versenkung der eignen Persönlichkeit in die zu spielende Rolle, wie es selbst das grösste schauspielerische Genie bei allen seinen sonstigen Vorzügen nicht zu erreichen vermag, weil es sich seiner Transfiguration doch noch immer bewusst bleibt. Die Abweichung der Stimme von der normalen kann bis zur unwillkürlichen Bauchrednerei gehen, welche bekanntlich unter andern Eigenthümlichkeiten auch die besitzt, dass sie das Ohr über den Ort der Herkunft der Stimme den grössten Täuschungen unterwirft. Bei einigen Medien sprechen schon im larvirten Sonnambulismus verschiedene Stimmen durch einander, welche sich selbst als von anwesenden, aber noch unsichtbaren Geistern herrührend bezeichnen, und solche Medien werden auch ihre mimischen Transfigurationen durch lebhaftes „Zungenreden" unterstützen. Andere Medien, die gerade keine „Sprechmedien" sind, beschränken sich auf mimische Transfigurationen ohne Unterstützung durch Reden, oder unter Zuthat seltner vereinzelter Worte.

Es ist selbstverständlich, dass ein Medium, welches sich in Sonnambulismus versetzt und in diesem Zustand sein Ich in eine Phantasiefigur hinübergespielt hat, das unwillkürliche Verlangen fühlen wird, sich beim Spielen der vorschwebenden Rolle auch dem Charakter der Rolle gemäss zu kostümiren, so weit die zur Hand befindlichen Mittel diess gestatten. In diesem unzurechnungsfähigen Zustande wird z. B. ein sonst schamhaftes junges Mädchen sich nicht gehindert fühlen, seine Kleider abzulegen und im Hemd oder Unterrock herumzuwandeln; oder wenn ihm die Figur eines Orientalen vorschwebt, wird es sich ein Tuch als Turban um den Kopf wickeln. So weit aber das erreichbare Kostüm nicht zur Rolle passt, wird das Medium sich bemühen, dasselbe hinter dem Vorhang zu halten und nur die seinem Phantasiebild entsprechenden Körpertheile zu zeigen.

Wenn das Medium den unbestimmten aber maassgebenden Drang hat, sich in seiner mimischen Transfiguration zu zeigen, um die Erwartung der Zuschauer zu erfüllen, so wird es die Hindernisse, welche es an der Befriedigung dieses Dranges hindern, unwillkürlich zu beseitigen suchen, also Knoten lösen und Fesseln abstreifen, welche die Zuschauer ihm zur Sicherung an gelegt haben.

Insofern das sonnambule Medium selbst an seine Verwandlung glaubt, d. h. sich als andre Person fühlt, so kann von einer Absicht des Betruges auch in dem Falle gar keine Rede sein, wenn es sich den Zuschauern als diese andre Person producirt; und falls es sich die „andre Person" als einen Verstorbenen, aber im Jenseits Fortlebenden, denkt, so handelt es völlig bona fide, wenn es seine Person in der gewählten Kostümirung und mimischen Entstellung als die Erscheinung eines aus dem Jenseits herniedergestiegenen Geistes vorführt.

Wenn die Zuschauer für sonnambule Zustände kein Verständniss haben, und entweder an die Realität einer Geistererscheinung glauben, oder aber den „Geist" packen und als das Medium „entlarven", so kann das Medium für beides gleich wenig verantwortlich gemacht werden. Das Medium ist in diesem Falle ebensowenig ein Geist wie ein Betrüger, sondern ein unzurechnungsfähiger Autosonnambuler, den zu erschrecken man sich hüten muss; dass nebenbei, solche Vorstellungen auch ohne Sonnambulismus in betrügerischer Absicht gegeben werden können, soll dabei keinen Augenblick bestritten werden.

Man kann nach den besten spiritistischen Autoritäten annehmen, dass in 95 $^0/_0$ aller sogenannten Geistererscheinungen das Medium selbst als Erscheinung figurirt, auch ganz abgesehen von betrügerischen Nachahmungen. Es ist ganz vergeblich, durch Fesselung das Medium an einen bestimmten Ort binden zu wollen, um dadurch sicher zu sein, dass alle abseits dieses Ortes auftretenden Erscheinungen nicht das Medium selbst sind; denn theils ist die Geschicklichkeit der Sonnambulen im Knotenlösen und Fesselnabstreifen erstaunlich, theils vermag ja nach spiritistischer Behauptung das Medium die Materie der Fesseln zu durchdringen. Der letztere Grund macht es auch unmöglich, unter der Voraussetzung, dass die spiritistischen Behauptungen wahr sind, ein Medium durch Einhüllen in Gaze, die um den Sessel herumgeschlagen und dann versiegelt ist, oder durch Einsperren in einen Käfig, dessen Vorderwand aus Gaze, oder Fadenkreuzen, oder Drahtnetzen besteht, zu sichern; denn wenn das sonnambule Medium diese Stoffe durchdringen kann, so kann es auch trotz aller dieser Vorkehrungen sich selbst als Erscheinung produciren. Dass das Medium am Beginn und Schluss seiner Kabinetssitzung auf dem Sessel ist, zwischen durch aber zu jeder neuen Erscheinung aufsteht (manchmal auch aufsteht, ohne dass eine Erscheinung sichtbar wird), ist durch Kontrole des Sesselgewichts von Sekunde zu Sekunde erwiesen, wenngleich diese Beobachtungen keine Allgemeingültigkeit beanspruchen können.

Soviel ist gewiss, dass, wenn man einmal die Behauptung von der Durchdringlichkeit der Materie für

Medien annimmt, es ganz andrer Mittel bedarf, um die
Nichtidentität von Medium und Erscheinung zu beweisen,
als materielle Absperrung des Mediums. Darauf ist aber
bei der Angabe, dass 95 $^0/_0$ der Erscheinungen das Medium selbst zum Kern haben, noch nicht einmal Rücksicht genommen, so dass der übrig bleibende Rest von
5 $^0/_0$ beim Wegfall dieses Beweismittels noch gar sehr zusammenschrumpfen dürfte. In allen Fällen, wo die Behauptung der Nichtidentität beider auf keine andern Gründe
gestützt ist als auf diese materielle Absperrung, ist sie
als schlechthin unerwiesene Behauptung zurückzuweisen;
alles was die Erscheinung thut, ist in solchen Fällen als
ein Thun des Mediums aufzufassen, z. B. wenn sie sich
Haarlocken oder Gewandproben abschneidet und vertheilt (Ps. St. I, 487; II, 22), Möbel verrückt, Gegenstände
herumträgt, die Hand oder den Arm reicht, mit den
Zuschauern herumwandelt und Unterhaltung führt, sich
photographiren lässt (II, 19—20, 22), ihre Füsse, Hände
oder Gesicht in geschmolzenem Paraffin abdrückt, und
diese Abdrücke den Zuschauern einhändigt (VI, 526,
545—548) u. s. w. Alle solche Berichte, welche die
objektive Realität der Erscheinung beweisen sollen,
leiden an dem Mangel, dass sie sich über die Frage
der Identität von Erscheinung und Medium auf Grund
der Fesselung oder Absperrung des Mediums hinwegsetzen. In Amerika, wo die Medien gleich familienweise oder gar bandenweise „arbeiten" (Ps. St. VI, 500),
kann man auf die Berichte überhaupt gar keinen Werth
legen, da hierbei nicht nur der sonnambulen Helfershelferei sondern auch dem offnen Betrug Thür und
Thor geöffnet ist. Dass alle bisher von solchen Erscheinungen überreichten Gegenstände, Blumen, Gewandproben, Haarlocken u. s. w. irdischer Herkunft
sind, haben sie selbst im Falle der Befragung noch nie
bestritten; bei den Zeugstoffen kann der Sachverständige den Preis für das Meter ganz genau bestimmen,
und bei Haarlocken ist zu berücksichtigen, dass verschiedene Stellen des Kopfhaars in der Dunkelheit und
Färbung nicht unerheblich von einander abweichen.

Ein Theil der Spiritisten behauptet, dass die Erscheinung für gewöhnlich vom Medium räumlich getrennt sei, und dass erst, wenn sie von rohen Händen ergriffen werde, das Medium unter plötzlicher Durchdringung der absperrenden Materie in die Erscheinung hineinfahre, weil es sonst den Tod davon tragen würde. Da scheint es denn doch näher zu liegen, dass die Erscheinung sich dem sie Ergreifenden unter den Händen verflüchtigt, und unter Durchdringung der absperrenden Materie zum Medium zurückeilt, als umgekehrt; wenn aber das Medium so plötzlich die absperrende Materie durchdringen kann, um sich mit der Erscheinung im Augenblick der Gefahr wieder zu vereinigen, so ist nicht abzusehen, warum es dieser Gefahr nicht lieber gleich vorbeugt, d. h. in aller Ruhe mit und in der Erscheinung hinausspaziert.

In der That aber giebt es ein Gebiet von Erscheinungen, wo die Möglichkeit, dass man das Medium selbst vor sich habe, ausgeschlossen ist, und dieses Gebiet greift insofern in die Transfigurationen des Mediums über, als die Erscheinung desselben Veränderungen in Grösse, Gestalt, Färbung, Bart und Gewandung zeigt, welche mit den im Kabinet zu Gebote stehenden Mitteln schlechterdings unerreichbar sind. Wenn das Medium vor der Sitzung genau untersucht ist, wohl gar die eignen Kleider mit gelieferten von leicht erkennbarem Schnitt und Kolorit vertauscht hat, und die Oertlichkeit unter genauer Kontrole steht, so ist nicht abzusehen, wo das Medium Hilfsmittel zur Verkleidung hernehmen soll, wie es sich weisse schleierhafte Gewänder, derbe Stoffe mit schwerem Faltenwurf, Bärte, Turbane, Masken, Kothurne u. s. w. verschaffen soll. Wenn die Zuschauer es gleichwohl als Figuren von verschiedenem Alter, Geschlecht, Grösse, Kleidung, Nationalität u. s. w. auftreten sehen, so müssen andre Ursachen dieser Erscheinung aufgesucht werden.

Was uns auf die richtige Fährte verhelfen kann, ist zunächst der Umstand, dass solche ungewöhnliche und anscheinend unerklärliche Erscheinungen selten oder nie vor Zuschauern auftreten, welche zum ersten Mal einer mediumistischen Sitzung beiwohnen, und dass selbst solche Zuschauer, welche an mediumistische Sitzungen gewöhnt sind, mit einem neuen Medium erst mehrere Sitzungen durchmachen müssen, in welchem sich nur physikalische Erscheinungen zeigen, bis das sonnambule Bewusstsein des Mediums selbst den Zeitpunkt für gekommen erklärt, um zum Versuch mit Transfigurationen überzugehen. Es ist eine ganz allgemeine Erfahrung, dass die Erscheinungen um so reichhaltiger und ungewöhnlicher werden, je mehr Sitzungen das Medium mit demselben Cirkel von Personen durchmacht, und dass jedes neu eintretende Mitglied diesen Steigerungsprocess unterbricht oder gar zurückschraubt. Hieraus geht hervor, dass erst ein engerer Rapport zwischen dem Medium und den Theilnehmern angeknüpft werden muss, bevor die Transfigurationen und Materialisationen gelingen können, und zwar kommt es nicht auf ein rein menschliches, freundschaftliches Verhältniss zwischen ihren wachen Bewusstseinen an, sondern nur auf ein Verhältniss zwischen ihren sonnambulen Bewusstseinen, d. h. auf einen magnetischen Rapport.

Die physikalischen Erscheinungen steigern sich in dem Maasse, als die Theilnehmer zu unbewussten Hilfsmedien erzogen werden, d. h. als sie lernen, mehr und mehr Nervenkraft von sich zu geben und diese der Verfügung des Mediums zu überlassen; der Vorstellungsinhalt der Kundgebungen wird um so überraschender, je mehr sie sich dem Willen des Mediums zum Gedankenlesen erschliessen, sich den unbewussten Willen zur Vorstellungsübertragung an das Medium einpflanzen lassen, und sich vom Medium zur Entfaltung eines larvirten sonnambulen Bewusstseinsinhalts aus dem hyperästhetischen sonnambulen Gedächtniss anregen lassen. Nachdem auf diese Weise ihr latenter Mediumismus einigermaassen geweckt und die magnetische Macht des unbewussten Willens des Mediums über ihr larvirtes sonnambules Bewusstsein genügend installirt ist, kann das Medium, dessen sonnambules Bewusstsein dieses Entgegenkommen der Hilfsmedien sehr gut fühlt, zu Erscheinungen übergehn, welche eine gewisse Macht über die Seelen der Zuschauer voraussetzen.

Bei den verschiedenen Gliedern eines kleinen Cirkels wird die Macht, welche das Medium im Verlauf der vorhergehenden Sitzungen erlangt hat, verschieden sein; infolge dessen muss auch die Summe der Erscheinungen verschieden sein, welche die verschiedenen Zuschauer konstatiren. Diese Thatsache wird selten genügend beachtet; anstatt dass jeder Zuschauer ohne Rücksprache mit den andern einen eignen Bericht über jede Sitzung liefern sollte, einigen sich die Theilnehmer über einen gemeinsamen Sitzungsbericht, in welchem die subjektive Verschiedenheit der Erscheinungen verschwindet. Während bei den physikalischen Erscheinungen (mit Ausnahme der Lichterscheinungen) die Einigkeit sehr leicht zu erzielen ist, hält dies bei den Transfigurationen und Materialisationen oft sehr schwer, besonders in ihrem ersten Auftreten; später, wenn alle Theilnehmer in genügendem Maasse unter die Macht des Mediums gerathen sind, werden auch auf diesem Gebiet die Stimmen wieder mehr gleichlautend.

Zunächst pflegt das Medium nur einzelne Körpertheile, Hände, Arme, Kopf, für kurze Augenblicke durch den Vorhang zu stecken; erst allmählich zeigt es den ganzen Oberkörper oder tritt in ganzer Figur hervor. Da zeigt sich denn sofort, dass einige Zuschauer zweifellos das Medium zu erkennen glauben und gar nichts andres sehen als die Gestalt desselben, während andre Zuschauer, und zwar in einer untereinander übereinstimmenden Weise eine von der des Mediums wesentlich abweichende Erscheinung gesehen zu haben behaupten. Aehnlich ist es bei Lichtsitzungen am Tisch, wo einzelne Anwesende in einer erheblichen Entfernung von dem Medium, dessen Hände Allen sichtbar auf dem Tische liegen, Hände verschiedener Gestalt unter dem Tische hervorkommen gesehen haben, während andre davon gar nichts gesehen haben. Es ist klar, dass es sich in solchen Fällen um eine Uebertragung der Hallucinationen des Mediums in die sonnambulen Bewusstseine der hinreichend empfänglichen Anwesenden handelt; denn wir haben schon oben gesehen, in welchem Grade die Verhältnisse in solcher Lage das Zustandekommen von Hallucinationsübertragung begünstigen.

Bei uns Occidentalen ist die bewusst oder unbewusst gewollte Hallucinationsübertragung auf einen bei wachem Bewusstsein befindlichen Empfänger, der nicht den Willen hat, sich halluciniren zu lassen, und nichts davon ahnt, dass das von ihm percipirte Anschauungsbild die übertragene Hallucination eines Dritten sei, etwas höchst Ungewöhnliches. Nur die Geschichte der religiösen Geistesstörungen liefert eine Anzahl von Beispielen, dass ganze Versammlungen von Ekstatischen sich ebenso mit Hallucinationen wie mit Krämpfen und Veitstanz ansteckten, wobei freilich das Wort eine mächtige Beihilfe gewährt, um der empfangenden Phantasie eine bestimmte Richtung zu geben. Ausserdem sind Beispiele dieser Art in allen denjenigen Fällen zu finden, wo Lebende oder Sterbende, Wache oder Träumende sich mit heisser Sehnsucht und hallucinatorischer Lebendigkeit in die Nähe einer andern entfernten Person versetzen, und durch so erfolgte Herstellung des Rapportes in der letzteren eine entsprechende Hallucination von ihrer persönlichen Gegenwart erzeugen. (Ps. St. VI, 294, 344; VII, 471 fg.). Dabei ist zu beachten, erstens dass das Gelingen des Versuchs bei hinreichend sensitiven Empfängern nicht davon abhängig zu sein scheint, ob man den zeitweiligen Aufenthaltsort derselben kennt und seine Gedanken auf diesen richten kann oder nicht, und zweitens, dass wenn überhaupt die Umgebung des Empfängers in beiden Bewusstseinen sich darstellt, sie doch in jedem in einer andern perspektivischen Verschiebung je nach der wirklichen oder vorausgesetzten Stellung des Anschauenden in derselben erscheint. Auf andre Hallucinationen als die persönliche Erscheinung des Uebertragenden scheint sich in Europa die Uebertragung selten erstreckt zu haben; nur bei dem „zweiten Gesicht" oder eigentlichen Hellsehen scheint unter begünstigenden Umständen eine Hallucinationsansteckung von dem eigentlichen Seher auf prädisponirte Begleiter vorzukommen.*)

---

*) Ein sehr anschauliches Beispiel hiervon findet man Ps. St. IX, 152—154. Das von Schopenhauer (Parerga 2. Aufl. I, 316—317) angeführte Beispiel erklärt sich ganz einfach so, dass das eingekerkerte Medium die Hallucination, welche es auf die unter seinen magnetischen Einfluss gerathenen Zellengenossen übertrug, zwei Mal im Schlafe und erst das dritte Mal im wachen Zustande hatte, so dass bei den beiden ersten Malen die Uebereinstimmung der von den Mitgefangenen gesehenen Erscheinung mit dem gleichzeitigen Traumbild des schlafenden Mediums nicht

Häufiger dagegen werden Fälle von Hallucinationsübertragung von indischen Fakirs und türkischen Derwischen berichtet. Man wird z. B. gezwungen, eine zusammengeringelte Giftschlange unter einem aufgehobenen Tuche liegen zu sehen, wo gleich darauf nichts mehr zu sehen ist (Ps. St. IV, 200); oder man sieht in einem geschlossenen Zimmer bald wilde Gänseheerden fliegen, bald eine Menge Schlangen sich ringeln, bald die Wände zusammenrücken als ob sie einen erdrücken wollten (IX, 469—470).

Neuere Magnetiseure haben das Gebiet der eingepflanzten Hallucinationen selbst in öffentlichen Vorstellungen producirt, haben jedoch die Empfänger zu dem Zweck zunächst in hypnotischen Zustand versetzt und ausserdem das befehlende Wort gebraucht, um die Hallucination hervorzurufen. Sie haben auf diese Weise einen übelschmeckenden Stoff für einen wohlschmeckenden essen lassen, einen Stab für eine Schlange ansehen lassen, den Glauben erweckt, dass der Magnetiseur in der Luft herumfliege (Ps. St. III, 536—537) u. s. w. Was so mit Beihilfe des Wortes bei einem ihm gänzlich fremden offnen Sonnambulen einem wachen Magnetiseur möglich ist, das ist einem sonnambulen Magnetiseur auch ohne Beihilfe des Wortes bei einem ihm näher bekannten larvirten Sonnambulen möglich; was in den vorher genannten Beispielen bei sensitiven Empfängern aus weiter Ferne möglich ist, das ist in der Nähe auch bei nichtsensitiven Empfängern möglich. Wenn der dringende Wunsch des übertragenden Sonnambulen nicht dahin geht, seine Hallucination von seiner persönlichen Gegenwart beim fernen Empfänger auf diesen zu übertragen, sondern sich vielmehr dahin richtet, seine Hallucinationen von der persönlichen Gegenwart verstorbener Geister auf den nahen Empfänger zu übertragen, so wird mit dem Inhalt der zu

---

kontrolirt werden konnte. Es ist höchst wahrscheinlich, dass auch Thiere für die Uebertragung von Hallucinationen empfänglich sind (vgl. Owen, Das streitige Land, I, 33—41; Davis, Der Zauberstab, deutsch von Wittig, Leipzig 1867, S. 338—340); ja sogar es wäre bei dem relativen Uebergewicht der mittleren Hirntheile in den Thieren nicht zu verwundern, wenn ihre durchschnittliche Empfänglichkeit dafür grösser wäre als die der Menschen.

übertragenden Hallucinationen auch der Inhalt der vom
Empfänger percipirten entsprechend wechseln. Wenn
das Medium beispielsweise die Hallucination hat, nicht
mehr es selbst, sondern etwa der Geist John King oder
Katie King zu sein, und als solcher aufzutreten und zu
agiren, so wird auch in den Empfänger die Hallucination übertragen werden, dass das aus dem Vorhang
hervortretende Medium nicht mehr das Medium sondern
John King oder Katie King sei. Wenn in einem andern Falle das Medium die Illusion hat, dass aus seiner
Herzgrube sich ein Nebel und aus dem Nebel eine
Geistergestalt entwickele, so wird auch der fascinirte
Zuschauer dieselbe Hallucination haben (IX, 83; IV, 546
bis 548).

Die Psychiatrie unterscheidet zwischen Hallucinationen im engeren Sinne und Illusionen, und versteht
unter den ersteren Phantasieprodukte ohne sinnliche
Wahrnehmungsgrundlage, unter den letzteren Phan-
tasieumbildungen sinnlicher Wahrnehmungen. Danach
ist es eine Hallucination, wenn man eine zusammengeringelte Schlange auf einem Teller liegen sieht, aber
eine Illusion, wenn man einen Stab oder Strick für eine
Schlange ansieht; eine Hallucination, wenn man eine
nebelhafte Gestalt aus einem Medium herauswachsen
sieht, aber eine Illusion, wenn man das Medium selbst
für eine Geisteserscheinung ansieht. Uebrigens gehen
Hallucination und Illusion mit fliessenden Grenzen in
einander über; denn abgesehen von den Zuständen
verschlossener Sinneswahrnehmung muss doch auch jede
Hallucination ein Stück sinnlicher Wahrnehmung ver-
drängen und sich in das momentane Gesammtbild der
Wahrnehmungen eingliedern, und andrerseits giebt es
Illusionen, bei denen die Umbildung des zu Grunde
liegenden ganz entgegengesetzten Wahrnehmungsbildes
schwieriger scheint, als die Neubildung auf indifferentem
Grunde es sein würde. So gehen auch Illusionen und
Hallucinationen in einander über, wenn man bald das
Medium selbst für eine ganz abweichende Gestalt ansieht, bald eine dem Medium sehr ähnliche Erscheinung
für das nicht in ihr steckende Medium nimmt, oder
endlich das Medium und das Phantom auseinandergehen
und wieder zusammengehen sieht. So lange es sich

um geringere Abweichungen der Gestalt vom Medium handelt (wie z. B. bei den Beobachtungen von Crookes) ist das Vortreten des Mediums selbst offenbar ein Erleichterungsmittel für das Zustandekommen der Hallucinationsübertragung; wenn es sich aber um sehr abweichende Gestalten handelt, kann die Einpflanzung der Hallucination leichter werden als diejenige der Illusion.

Für gewöhnlich gilt die Wahrnehmung derselben Erscheinung durch mehre Beobachter als ausreichende Bürgschaft ihrer Objektivität; dies kann aber unter solchen Verhältnissen, welche die Hallucinationsübertragung auf die Anwesenden ausnehmend begünstigen, nicht mehr gelten. Denn wenn auch die Uebereinstimmung der Wirkung selbst hier noch auf eine identische transcendente Ursache schliessen lässt, so ist doch diese identische Ursache hier nicht mehr ein materielles Ding (an sich) im objektiv realen Raume, welches die Sinneswerkzeuge der Anwesenden afficirt, sondern die subjektive Hallucination des Mediums, welche die sonnambulen Bewusstseine durch Induktion gleicher Gehirnschwingungen afficirt. Man muss sich also in diesen Fällen nach anderen Unterscheidungsmerkmalen zwischen Wahrnehmungsbild und Hallucination umthun.

Wenn man Gelegenheit hat, eine gesehene Gestalt zu betasten, und die Hand durch die Gestalt ohne Widerstand hindurchgreift, so wird sicherlich die Wahrscheinlichkeit sehr gross sein, dass eine blosse Vision oder Gesichtshallucination vorliegt; aber Sicherheit gewinnt man damit nicht, denn es giebt körperliche Formen in solchen Aggregatzuständen der Materie, welche zwar an ihren Oberflächen das Licht reflektiren, aber nicht für den Tastsinn wahrnehmbar sind. Dass Gestalten, welche man durch Beobachtung ihres Entstehens und Vergehens als verschieden vom Medium erkennt, einen Schatten werfen, ein Spiegelbild haben (Owen I, 267, 274), durch Vergrösserungs- oder Verkleinerungsgläser betrachtet vergrössert oder verkleinert erscheinen, und durch ein Prisma verdoppelt werden, scheint eine sichere Bürgschaft für ihre Objektivität zu bieten. Gleichwohl wäre diess ein Fehlschluss, denn alle diese Eigenschaften zeigen die Hallucinationen

auch; ja sogar die Vergrösserung und Verkleinerung
durch Gläser und die Verdoppelung durch ein Prisma
wird in der Psychiatrie ebenso wie die Erweiterung
und Verengerung der Pupillen bei Annäherung und
Entfernung der Gestalt als Prüfstein zur Unterscheidung
ächter Hallucinationen von blossen Phantasievorstel-
lungen oder fingirten Hallucinationen benutzt. Einen
sichern Beweis für den hallucinatorischen Charakter
einer gesehenen Gestalt kann nur die Photographie er-
bringen, wenn Platten von einer für die scheinbare
Lichtstärke der Erscheinung ausreichenden Empfindlich-
keit keinen chemischen Eindruck zeigen. Wo man es
mit selbstleuchtenden Erscheinungen zu thun hat, pflegen,
wie schon oben bemerkt, die überbrechbaren Strahlen
so zu überwiegen, dass die Platte selbst dann schon
Eindrücke zeigt, wenn die nicht sensitven Beobachter
noch gar nichts sehen; wo man es dagegen mit Erscheinungen ohne selbstleuchtende Kraft zu thun hat,
kann man durch momentan aufblitzende elektrische
Bogenlampen oder durch brennenden Magnesiumdraht
rasch eine genügende Beleuchtung erzielen, um posi-
tiver Ergebnisse im Falle der Objektivität der Erscheinung sicher zu sein.

Thatsächlich sprechen alle bisher angestellten
photographischen Versuche an Gestalten, die von den
Zuschauern gesehen wurden, gegen die Objektivität der
Erscheinungen; denn dieselben sind in allen bisher berichteten Fällen negativ ausgefallen, ausser in denjenigen,
wo das Medium selbst zur photographischen Aufnahme
gelangte. In den letzteren Fällen sind die Bilder bei
weitem nicht deutlich genug, um entscheiden zu können,
ob ausser der Gestalt des Mediums selbst auch noch
die es umkleidende Illusion zur photographischen Reproduktion gelangt sei, mit andern Worten, ob die
erhaltene Photographie dem Phantom und nicht bloss
dem in ihm steckenden Medium ähnlich sei. Bei der
von Crookes angefertigten Photographie, auf welcher
das Medium gleichzeitig mit dem Phantom zu sehen ist
(Ps. St. II, 21) liegt der dringende Verdacht vor, dass
anstatt des angeblichen Phantoms das Medium, und
anstatt des vermeintlichen Mediums die durch ein
Kissen ausgestopfte Kleidung des Mediums in halb

verdeckter Stellung photographirt worden sei. Da eine
materielle Absperrung des Mediums keine Sicherstellung
gewährt, so müsste erst eine gleichzeitige Aufnahme
vom Medium und Phantom aufgezeigt werden, ehe man
den bloss vom Gesichtssinn der Zuschauer wahrgenommenen Erscheinungen Objektivität zugestehen könnte.
Alle bisher aufgezeigten Photographien, welche diese
Bedingung zu erfüllen scheinen, haben sich entweder
als Betrug spekulativer Photographen herausgestellt
(Ps. St. II, 338—345), oder sind dringend verdächtig,
von übereifrigen Spiritisten zur Bekehrung der Ungläubigen in betrügerischer Weise angefertigt zu sein.

Für gewöhnlich sucht man eine etwaige Sinnestäuschung des einen Sinnes dadurch zu entdecken, dass
man die andern Sinne zu Hülfe nimmt, und glaubt in
der übereinstimmenden Aussage mehrerer Sinne eine
hinreichende Bürgschaft für die Objektivität der wahrgenommenen Erscheinung zu finden. Diese Regel ist
vollständig ausreichend, wo es sich um eigentliche Sinnestäuschungen bei wachem Bewusstsein, aber nicht,
wo es sich um wirkliche Hallucinationen, d. h. Uebertragungen aus dem sonnambulen ins wache Bewusstsein
handelt; denn hier steigt mit dem Grade der Lebhaftigkeit der Hallucination auch die Zahl der an ihr mitbetheiligten Sinne. Der schwächste Grad der Hallucination
betrifft nur einen einzigen Sinn, entweder bloss den
Tastsinn (Berührungen durch unsichtbare Hände), oder
bloss das Gehör (Sturmglocken, Feuerglocken, Sphärenmusik, Kriegslärm, menschliche Stimmen), oder bloss
den Geruch (charakteristischer Parfum einer Person oder
Lokalität), oder bloss das Gesicht. Bei wachsender
Energie der sonnambulen Bewusstseinsthätigkeit ruft
die Hallucination eines Sinnes die ihm naturgemäss
associirten Empfindungen und Anschauungen der übrigen
Sinne hervor, wobei die hervorgerufene nebensächliche
Empfindung sogar früher als die Haupthallucination in's
Bewusstsein eintreten kann, wenn der dramatische Verlauf der Gesammthallucination es so erfordert. Beispielsweise hört man zuerst die Aussenthür aufschliessen und
auf- und zumachen, dann Tritte auf dem Vorplatz, dann
die Zimmerthür öffnen und dann erst tritt die Vision
ein, während in minder lebhaften Fällen die begleitende

und voraufgehende Gehörshallucination fehlt und die Zimmerthür sich lautlos zu öffnen scheint, wenn nicht gar die Gestalt durch die geschlossene Thür hindurchgeht. Tritt nun die Vision näher auf den Beobachter zu, so kann sich diesem, wenn er in ihr einen Bekannten wiedererkennt, sehr wohl die Geruchshallucination des gewöhnlich von demselben benutzten Parfums associiren, und endlich kann die Gestalt ihm die Hand auf die Schulter legen, wobei sich die Tasthallucination der berührten Schulter associirt. Diese kombinirten Hallucinationen von vier Sinnen werden aber nicht die geringste Bürgschaft gewähren für die Objektivität der Erscheinung; vielmehr wird die gegründete Vermuthung, dass eine dieser verschiedenen Sinnesempfindungen hallucinatorischen Charakters sei, ausreichen zur Begründung des Verdachtes, dass sie alle es seien und aus gemeinsamer hallucinatorischer Quelle stammen.

Wenden wir diese Grundsätze auf die mediumistischen Erscheinungen an, so haben wir aus der wohlbegründeten Vermuthung von der hallucinatorischen Beschaffenheit der gesehenen Phantome den Verdacht zu schöpfen, dass auch die Tastempfindungen, welche sich zu diesen Visionen hinzugesellen, oder mit ihnen abwechseln, blosse Hallucinationen sind. Allerdings müssen wir uns hierbei vor einer vorschnellen Verallgemeinerung hüten, wie schon der Umstand beweist, dass Gehörshallucinationen bisher bei mediumistischen Sitzungen nicht beobachtet zu sein scheinen, da die gehörten Stimmen vielmehr die sonnambul verstellte Stimme des Mediums sind. Nur wenn es richtig ist, dass mehrere Stimmen nicht bloss rasch abwechselnd aus verschiedenen Gegenden des Zimmers zu kommen scheinen, sondern bisweilen auch gleichzeitig im strengen Sinne des Worts durcheinandersprechen, nur dann würde man auch von mediumistischen Gehörshallucinationen zu sprechen haben.

Was speciell die Tasthallucinationen betrifft, so bleibt die Möglichkeit offen, dass der empfundene Druck von unsichtbaren oder visionären Händen, Füssen u. s. w. auch von einem System von dynamischen Druck- und Zuglinien herrührt, welches das Analogon einer drückenden Handoberfläche ohne dahinterliegenden materiellen Körper darstellt, ähnlich wie die Entstehung der Abdrücke solche voraussetzen lässt. Ob im besonderen Falle eine dynamische Einwirkung der mediumistischen Nervenkraft stattfindet oder bloss eine übertragene Tasthallucination vorliegt, ist nicht daraus zu entscheiden, ob die vermeintliche Hand unsichtbar bleibt oder zugleich sichtbar wird; denn wie ein Traum die zu ihm passenden Sinneswahrnehmungen mit in sich verarbeiten kann, so kann auch die Vision einer Hand sich mit einem wirklich wahrgenommenen Händedruck (ohne Hand) für das Bewusstsein zur Einheit eines scheinbaren Wahrnehmungsobjekts verschmelzen, ebenso gut wie die Gesichts- und Tasthallucination der Hand sich zur Einheit eines scheinbaren Wahrnehmungsobjekts verschmelzen können. Diese Verschmelzung zur Einheit eines scheinbaren Wahrnehmungsobjekts gehört sogar mit zum Inhalt der zu übertragenden Hallucination, insofern das Medium selbst in seinem sonnambulen Bewusstsein diese Verschmelzung schon vollzogen hat; und zwar ist es dabei ganz gleich, ob das Medium die Gesichtshallucination der Hand mit dem Phantasiebilde der zu erzeugenden Tasthallucination oder mit dem Phantasiebilde der durch seine mediumistische Nervenkraft zu erzeugenden Tastwahrnehmung verschmolzen hat.

Befindet sich die vermeintlich gedrückte Körperstelle des Beobachters zweifellos ausserhalb der Wirkungssphäre des anwesenden Mediums, so ist man sicher, dass man es nur mit einer Verbindung von Gesichts- und Tasthallucination zu thun hat; im andern Falle bleibt der Zweifel bestehen, und kann nur dadurch zu Gunsten einer Combination von Gesichtshallucination mit realen Eindrücken der mediumistischen Nervenkraft entschieden werden, wenn dieselbe vermeintliche Hand oder derselbe Fuss gleich darauf ohne Unterbrechung seiner Sichtbarkeit einen bleibenden Abdruck in geeignetem Material hervorbringt. Dieser Versuch ist meines Wissens noch nirgends angestellt worden; ich kenne nur einen vereinzelt dastehenden Bericht, dass in einer Materialisationssitzung ein Abdruck von einem gleichzeitig sichtbaren (aber nicht fühlbar gewordenen) Kinderfuss hervorgebracht worden sei (Ps. St. VII, 397) und zwar unter Emporhebung des Vorhangs, hinter welchem das Medium sass, also zweifellos innerhalb seiner Wirkungssphäre.

Dieser Bericht bedürfte zunächst der Bestätigung durch ähnliche Beobachtungen Anderer; dagegen erhält er einige Unterstützung durch verschiedene Beispiele von allerdings schwacher Beglaubigung, welche ausserhalb mediumistischer Sitzungen sich spontan ereignet haben sollen.

Es wird z. B. jemand an eine Person dadurch erinnert, dass er in halbsonnambulem Zustande neben sich eine Hand den Namen der betreffenden Person schreiben sieht; oder ein Schiff wird veranlasst, seinen Kurs zu ändern und ein gescheitertes Schiff zu retten, weil der Steuermann einen fremden Schiffskapitän in der Kajüte hat sitzen und schreiben sehn und im Schiffsbuch von fremder Hand darauf die Worte gefunden wurden: „Steuert westwärts". Wenn man es nicht vorzieht, die Schrift als eine im sonnambulen Zustande von den betreffenden Beobachtern mit eigner Hand unbewusst und ohne nachherige Erinnerung vollzogene anzusehen, so bleibt nur die Annahme übrig, dass dieselben spontane Schreibmedien mit der Befähigung zu fernwirkender Schrift waren, und dass sie die aus der Ferne in ihr sonnambules Bewusstsein übertragenen Vorstellungen, beziehungsweise die Ergebnisse ihres Hellsehens durch diese Art der Vermittelung sich zum Bewusstsein brachten, also selbst fernwirkend schrieben, während sie zugleich die Vision einer schreibenden fremden Hand oder eines schreibenden fremden Menschen hatten. Es wäre gar kein Wunder, wenn demnächst auch bei der fernwirkenden Schrift der Medien berichtet würde, dass die schreibende fremde Hand von den Beobachtern gesehen worden sei, was meines Wissens bis jetzt nicht geschehen ist, wenigstens nicht bei Lichtsitzungen; es würde aber darin nicht der mindeste Grund liegen, in solcher gesehenen Hand etwas andres als eine übertragene Gesichtshallucination zu suchen.

Aehnlich ist das Verhältniss, wenn gesehene Gestalten, bei welchen die Sicherheit besteht, dass sie reine Hallucinationen und nicht bloss Illusionen sind, materielle Gegenstände aufheben, herumtragen, einem Zuschauer einhändigen, wieder abnehmen und an ihren Platz zurückbringen. Diess alles kann mit zu dem Inhalt der übertragenen Hallucinationen gehören, so gut wie das Zusammenrücken der Zimmerwände in dem oben erwähnten Beispiel; es kann aber auch durch die veränderten Plätze einzelner Gegenstände nach beendigter Sitzung bewiesen werden, dass wirklich eine objektive Ortsveränderung der materiellen Dinge stattgefunden hat. Wenn diese Bewegungen sich innerhalb der Wirkungssphäre der Nervenkraft des Mediums zugetragen haben und die Art und Stärke der durch diese Kraft zu bewirkenden Leistungen nicht übersteigen, so liegt kein Grund vor, dieselben auf eine andre Ursache als diese zu beziehen. Das sonnambule Medium hat dann seine Hallucination der auftretenden Gestalt mit dem Phantasiebild der vorzunehmenden Ortsveränderung von Gegenständen verschmolzen, hat die letzteren unbewusst mit Hülfe seiner mediumistischen Nervenkraft bewirkt, und hat dabei selbst den guten Glauben gehabt, dass seine Phantasiegestalten diese Ortsveränderungen selbstthätig aus eigener Kraft bewirken; durch Uebertragung seiner Hallucination auf die Zuschauer hat es dann auch die unwillkürliche Ueberzeugung mit übertragen, dass die gesehenen Ortsveränderungen der Dinge durch die hallucinirten Gestalten bewirkt sei.

Uebrigens kenne ich keinen Bericht über solche stattgehabte Bewegungen materieller Dinge durch Phantome, aus dem hervorginge, dass die Berichterstatter sich der Nothwendigkeit einer Unterscheidung zwischen Hallucination und Illusion und der Schwierigkeit der Unterscheidungsmerkmale bewusst gewesen wären; alle bisherigen Berichte dieser Art legen die Vermuthung nahe, dass die vermeintlichen Kraftleistungen der Gestalten nur einfache Muskelkraftleistungen der Medien waren, welche in dem Phantom drinsteckten.

Wenn eine erscheinende Gestalt Stücke von ihrem Schleier abreisst, welche dem Zuschauer wie Spinnewebe zwischen den Fingern in Nichts zerrinnen, und wenn sie darauf durch Ausschütteln des Schleiers die Lücken desselben wieder ergänzt, so ist es klar, dass man es in solchem Falle mit einer Vereinigung von Gesichts- und Tasthallucinationen zu thun hat. Wenn dagegen die Gestalt sich von den Zuschauern Stücke von ihrem Gewand abschneiden lässt, welche sich derb wie irdische Stoffe anfühlen, so entsteht schon Zweifel, ob Tasthallucination oder Apport eines realen Objekts stattfindet. Wenn die Stoffproben später gleichfalls zerrinnen oder nach der Sitzung nicht mehr auffindbar sind, so ist ihr hallucinatorischer Charakter als erwiesen zu betrachten; wenn sie nachher vorhanden und nach ihrem Preise für das Meter zu taxiren sind, so ist ihre Realität und zugleich ihre irdische Herkunft zweifellos. Wenn die innerhalb der Wirkungssphäre des Mediums stehende Gestalt ein Stück irdischen Zeuges an sich trägt, so bleibt die Möglichkeit offen, dass das Medium dieses Stück Zeug durch seine mediumistische Nervenkraft schwebend erhält und dem Zuschauer annähert, ebenso dass es durch dieselbe Kraft fernwirkend eine Scheere zum Schneiden verwendet, alles in hallucinatorischer Projektion auf die visionäre Gestalt, die bei alledem auch nicht die geringste Realität zu haben braucht. Näher liegt freilich der Verdacht, dass eine Gestalt, welche einen irdischen Stoff an sich trägt und mit der Scheere Stücken aus demselben ausschneidet, keine Hallucination, sondern eine das Medium als agirenden Kern in sich tragende Illusion sei; weil eben diese Gestalt Illusion ist, d. h. eine Anzahl hallucinatorischer Elemente an sich trägt, kann sie auch hallucinatorische Gewandstücke (Schleier u. s. w.) an sich tragen, welche sich dem Tastsinn als zerrinnende Spinnewebe oder als ungreifbares Nichts darstellen.

Es wird bei künftigen Materialisationssitzungen vor allem darauf ankommen, zu unterscheiden, erstens ob die gesehenen Gestalten Illusionen oder Hallucinationen sind, zweitens ob ihre vermeintlichen Aktionen im letzteren Falle dauernde Wirkungen von aufzeigbarer Art hinterlassen, und drittens ob solche Wirkungen von den Gestalten innerhalb oder ausserhalb der Wirkungssphäre der Nervenkraft des Mediums vollzogen worden sind. Ob eine Gestalt reine Hallucination und nicht eine Illusion sei, ist nur dadurch festzustellen, dass entweder die Hand durch dieselbe hindurchgreift, oder dass ihr Entstehen oder Verschwinden beobachtet wird (Ps. St. VI, 292; IX, 146—147), oder dass sie mit dem sonnambulen Medium zugleich bei zweifellosem Ausschluss eines Helfershelfers gesehen wird (VIII, 435; IX, 157; Hellenbach's „Geburt und Tod" 114). Wo diese Beweise fehlen, ist zunächst immer nur eine Illusion, welche das Medium in sich schliesst, anzunehmen, schon weil dieser Fall der gewöhnliche und die reine Hallucination abgelöster Phantome seltenere Ausnahme ist. Jedenfalls ist nochmals daran zu erinnern, dass es keine Gegeninstanz gegen diese nächstliegende Voraussetzung ist, wenn das Medium gefesselt oder in einen Käfig gesperrt ist.

Die bis jetzt vorliegenden Berichte aus spiritistischen Kreisen scheinen mir keinerlei Angaben zu enthalten, welche dazu nöthigen könnten, über die nächstliegende Erklärung durch Hallucinationsübertragung in Verbindung mit der fernwirkenden mediumistischen Nervenkraft hinauszugehen. Von mechanischen Wirkungen dauernder Art durch reine, d. h. vom Medium abgelöste Phantome ausserhalb der Wirkungssphäre der Nervenkraft des Mediums ist noch nirgends etwas berichtet. So lange diess nicht der Fall ist, scheint es mir wissenschaftlich unberechtigt, den behaupteten subjektiven Erscheinungen eine objektive Realität beizulegen, und Hypothesen zur Erklärung solcher objektiv realer Erscheinungen aufzustellen. Versuche zur Bestimmung der Gewichtsveränderung des Mediums während des Auftretens der Erscheinungen und zur Gewichtsbestimmung der Erscheinungen selbst beim Ueberschreiten einer Brückenwage könnten wohl geeignet scheinen, diese Frage zur Entscheidung zu bringen, wenn durch selbstregistrirende Apparate die Möglichkeit von Hallucinationen des während der Sitzung Ablesenden ausgeschlossen würden; aber dem steht der Umstand entgegen, dass in Folge der Ladung mit mediumistischer Nervenkraft sowohl das Medium selbst, auch ohne Abgeben von Materie an die Erscheinung, sein Gewicht beträchtlich vermindern kann, und dass es auf dieselbe Weise die Brückenwage dynamisch belasten kann, während die Erscheinung dieselbe zu überschreiten scheint, auch ohne dass die Erscheinung selbst

Realität und Gewicht besitzt. Auf diesem Wege ist also nichts Sicheres zu konstatiren*).

Uebrigens selbst gesetzt den Fall, die Spiritisten hätten Recht mit ihrer Annahme, dass das Medium einen Theil seiner organischen Materie abgebe und daraus eine Gestalt von zuerst dünner, nach und nach aber dichter werdender Materialität bilde, so würde doch nicht bloss die gesammte Materie dieser objektiv realen Erscheinung aus dem leiblichen Organismus des Mediums, sondern ebenso auch ihre Form aus der sonnambulen Phantasie des Mediums, und die etwa von ihr entfalteten dynamischen Wirkungen aus der Nervenkraft des Mediums stammen; sie würde nichts sein, thun und wirken, als was die sonnambule Phantasie des Mediums ihr vorzeichnet und vermittelst der ihr zur Verfügung stehenden Kräfte und Stoffe seines Organismus verwirklicht. Auf eine andre Ursache als das Medium zurückzugehen, dazu würde selbst in diesem Falle schlechterdings kein Vorwand gegeben sein, wie diess von Janisch in umfassender und überzeugender Weise nachgewiesen worden ist**). So lange indess nicht ganz andres Beweismaterial beigebracht wird, als das bisherige, muss der Ausdruck „Materialisation" als ein irreleitender und unberechtigter entschieden verworfen werden; die Phantome der sogenannten Materialisationssitzungen sind nach allem, was man bisher sagen kann, wirklich nur Phantome, d. h. subjektive Erscheinungen ohne objektive Realität, aber Erscheinungen, deren relative Uebereinstimmung in den Zuschauern durch ihren Ursprung aus der in sie übertragenen Hallucianation des sonnambulen Mediums erklärt wird.

---

*) In dem einzigen mir bekannten Falle, wo eine Erscheinung gewogen wurde, stimmte ihr Gewicht mit demjenigen des Mediums überein (Ps. St. VIII, 52), woraus doch zu schliessen, dass es das Medium selbst war, welches die Waage betrat.

**) „Gedanken über Geistermaterialisation" von Dr. Janisch, Realschuldirektor (Ps. St. VII, S. 115—122, 177—184, 207—213).

5. Die Geisterhypothese.

Wir haben nunmehr das gesammte Gebiet der in mediumistischen Sitzungen bisher beobachteten Erscheinungen durchwandert, und können sehr wohl begreifen, wie durch diese zum Theil höchst überraschenden Erscheinungen der Glaube an Geister als an die sie bewirkende Ursache in solchen Personen hervorgerufen werden kann, welche ohne zusammenfassende Ueberschau und ohne sorgfältige Kritik sich dem unmittelbaren Eindruck der gemachten Erfahrungen hingeben. Bringen dieselben gar noch den Glauben an das Vorhandensein von leiblosen Geistern und die Möglichkeit ihrer Offenbarung, bringen sie ferner die Sehnsucht nach Wiederherstellung des durch den Tod unterbrochenen Verkehrs mit lieben Angehörigen und Freunden mit, verfallen sie endlich dem fascinirenden Einfluss der Medien und der von denselben auf sie übertragenen Hallucianationen, so wäre es geradezu psychologisch unerklärlich, wenn dieselben sich von der Zurückbeziehung eines Theils der Erscheinungen auf übernatürliche, ausserhalb der Medien gelegene Ursachen freihielten. Anderseits haben wir gesehen, dass für das unbefangene kritische Urtheil in dem durchwanderten Gebiet mit Ausnahme des eigentlichen Hellsehens nicht der leiseste Anlass zum Ueberschreiten der natürlichen Erklärungen gegeben ist, und dass der Schein des Gegentheils auf einer psychologisch zwar erklärlichen aber wissenschaftlich unhaltbaren Täuschung beruht. Die Unhaltbarkeit der spiritistischen Erklärungsweise wird noch besser einleuchten, wenn wir verfolgen, wie sich dieselbe im Laufe der Zeit aus der plumpsten Sinnlichkeit allmählich mehr und mehr vergeistigt, damit aber auch mehr und mehr sich selbst den Boden unter den Füssen weggezogen hat, bis auf einen schmalen Fussbreit Raumes, auf dem sie jetzt noch künstlich balancirt, ohne von dieser haltlosen Stellung aus noch etwas zur wirklichen Erklärung beitragen zu können.

Der einfache sinnlich naive Glaube des Volkes ist der, dass die Verstorbenen in ihrer bisherigen Gestalt, aber mit einem schattenhaften, durchdringlichen, gewichtlosen, unsichtbaren Körper fortleben und in ihren gewohnten Oertlichkeiten noch längere Zeit trübselig umherwandeln, ehe sie sich entschliessen, von dieser Erde gründlich Abschied zu nehmen, und in himmlische oder höllische Regionen aufzusteigen oder niederzufahren, aus denen sie dann noch ausnahmsweise und vorübergehend zur Erde zurückkehren können. Diese Geister sind es, welche, durch die Nähe des Mediums in unerklärlicher Weise angezogen, ihre Gegenwart durch Klopfen, Möbelschieben, Tischrücken, Schrift ohne Berührung, Stimmen u. s. w. kundthun, und endlich durch Entlehnung von Lebenskraft (Blut) aus dem Medium in den ihnen eigenthümlichen Gestalten sichtbar werden können. Wenn man sich etwas nicht erklären kann, so muss es ein Geist gethan haben; wie der Geist es gemacht hat, die Erscheinung zu Stande zu bringen, das ist seine Sache; ein Geist muss eben alles können, dafür ist er ja ein Geist. Dieser allen alten Völkern und in der Hauptsache auch noch dem heutigen niederen Volke gemeinsame Glaube hat seine systematische Ausbildung bei den Indern erhalten, welche annehmen, dass ausser den Pitris (Ahnengeistern) auch lebende Personen ihren Körper verlassen und mit ihrem unsterblichen Astralleib oder Schemen sich an ferne Orte versetzen können, um andern zu erscheinen. Eine Psychologie, welche mit dem Gebiet der Hallucinationen noch gar nicht näher vertraut ist, muss nothgedrungen zu einer solchen Hypothese greifen; wir aber können uns damit begnügen, sie nach dieser ihrer historischen und psychologischen Begründung zu würdigen.

Dieser naive Geisterglaube erhielt in seiner Anwendung auf die mediumistischen Erscheinungen den ersten Stoss durch die Ueberlegung, dass ja das Medium denn doch auch ein Geist sei, und dass derselbe, wenn er sich im sonnambulen Zustand der Hemmnisse des gewöhnlichen Leibes entledigt habe, alles das wohl auch können müsse, was die Geister Verstorbener können. Man konnte sich also denken, dass der Geist des Mediums sammt seinem Astralleib aus seinem wie todt daliegenden Leibe hinausgefahren sei, im Zimmer herumspaziere und mit den andern anwesenden Geistern zusammen rumore. Hier findet zwar schon Arbeitstheilung zwischen den Geistern und dem Geist des Mediums statt, aber die Art, wie der Geist des Mediums selbst den ihm zufallenden Theil der Arbeit verrichtet, ist noch dieselbe plump sinnliche, in welcher die Ahnengeister auch wirken, nämlich durch Anpacken mit den Gliedmaassen ihres unsichtbaren Astralleibes unter Ausschluss jeder mechanischen Fernwirkung. Dabei erschien die Erklärung durch Geister noch immer als die unmittelbare, die durch den ausgewanderten Geist des Mediums als die abgeleitete, welche sofort in Schwierigkeiten gerieth, wenn das Medium nicht in kataleptischer Hypnose sondern bei wachem oder bei larvirtem sonnambulen Bewusstsein war.

Der einmal gefasste Gedanke, dass ein Theil der Erscheinungen vom Medium selbst herrühre, forderte nun sein Recht auch für den Fall seines Bewusstbleibens, und der Nachweis der mediumistischen Nervenkraft und ihrer Wirkungen auf eine gewisse Entfernung kehrte die naive Auffassung um. Indem man die mediumistische Nervenkraft mit dem irreleitenden Ausdruck „psychische Kraft" bezeichnete und sich durch diese Bezeichnung verleiten liess, den Sitz dieser Kraft in der Seele anstatt im Nervensystem des Mediums zu suchen, galt nun auf einmal die Erklärung der Erscheinungen durch die psychische Kraft des Mediums als die unmittelbare, und die Zuhülfenahme der psychischen Kraft der Geister als die abgeleitete Erklärung. Denn ein ganz klein wenig kritische Besonnenheit musste zu der Einsicht führen, dass Geister mit unsichtbaren, unfühlbaren und alle Materie durchdringenden Astralgliedmaassen ohne Muskeln und Knochen auch nicht anpacken und heben könnten, sondern ihre dynamischen Wirkungen auf spirituelle Weise vollbringen müssten, wofür die „psychische Kraft" des Mediums die nächste und einzige Analogie zu bieten schien.

Wenn man einmal zu dieser Umkehrung gelangt war, so lag es auf der Hand, dass man zunächst sehen musste, wie weit man bei der Erklärung der Erscheinungen mit ihrer Zurückführung auf das Medium ausreichte, und erst dann zur Beihülfe von Geistern greifen durfte, wenn diese Erklärungsursache aus irgend welchen Gründen nicht zu genügen schien. Schon auf diesem Punkte würde vermuthlich die Geisterhypothese in sich zusammengebrochen sein, wenn man es nur mit physikalischen Erscheinungen zu thun gehabt hätte; so lange aber der Vorstellungsinhalt der Kundgebungen und die vermeintlichen Materialisationserscheinungen die Mitwirkung von Geistern doch jedenfalls noch unentbehrlich scheinen liessen, so lange trug man kein Bedenken, die doch einmal statuirten Geister auch bei den physikalischen Erscheinungen mitwirken zu lassen. Immerhin fing man in dieser Phase bereits an einzugestehen, dass doch der grössere Theil der Erscheinungen auf das Medium selbst als ihre alleinige Ursache zurückzuführen sei. Hatte schon Davis („Present Age" p. 197, 161, 134) diess für 60 Procent der Erscheinungen eingeräumt, so gingen die neueren deutschen Spiritisten, wie Hellenbach, in diesen Zugeständnissen noch viel weiter.

Grade der näheren Beschäftigung mit den Materialisationserscheinungen war es vorbehalten, die Geisterhypothese noch weiter zu untergraben. So lange man in dem naiven Glauben befangen war, dass die Geister alles Klopfen und Tischrücken mit eigner Hand besorgten, und sprächen, ohne sich der Stimmwerkzeuge des Mediums zu bedienen, blieb die Mitwirkung des Mediums bei den Materialisationen darauf beschränkt, dass es sich dazu hergab, sich von den Geistern die Stoffe aus seinem Leibe herausziehen zu lassen, welche diese brauchten, um ihre unsichtbar unter uns herumwandelnden Gestalten sichtbar und fühlbar zu machen. Von diesem Gedanken war die äussere Anordnung der Sitzungen geleitet, und kein Spiritist dachte zunächst daran, dass das Medium bei der Sache aktiv betheiligt sein könne. Diese naive Auffassung wurde durch zahlreiche „Entlarvungen" erschüttert, bei welchen das ergriffene Phantom sich als das Medium selbst entpuppte. Nun erst begann die Unterscheidung zwischen Transfiguration und Materialisation, und endlich musste man das Verbleiben des producirten Phantoms beim Medium als Regel, die Ablösung desselben vom Medium als Ausnahme anerkennen. Obendrein blieb die Ablösung meist unvollständig; bald waren es nur Gliedmaassen oder Köpfe oder blosse Rümpfe mit Stummeln (Ps. St.

VIII, 53; IX, 146—147), welche in einiger Entfernung vom Medium sichtbar wurden, bald erhob sich vom Unterkörper des liegenden Mediums über dessen Oberkörper der Oberkörper eines Phantoms. Wenn aber eine vollständige Ablösung erfolgte und das Phantom in dem Process seines Entstehens und Vergehens beobachtet wurde, so zeigte sich, dass dasselbe ganz und gar aus dem Medium ausströmte und in dasselbe zurückströmte, und zwar nicht als fertige sich allmählich mit Stoff füllende und wieder entleerende Gestalt, sondern als formloser, erst allmählich Gestalt gewinnender und ebenso wieder in Gestaltlosigkeit zerrinnender Nebel.

Hieraus ging unzweifelhaft hervor, dass das Medium selbst der unbewusste Producent der Phantome, sowohl der an ihm verbleibenden, als der von ihm sich ablösenden sei, dass im Medium nicht bloss die passive Stoffquelle für das Sichtbarwerden der Gestalten, sondern neben der stoffgebenden auch die formgebende und gestaltende Ursache der Erscheinungen zu suchen sei, an deren objektiver Realität im spiritistischen Lager zunächst noch kein Zweifel auftauchte. Es gehörte denn doch nur recht wenig kritische Besonnenheit dazu, um sich zu sagen, dass die Geister, mögen sie nun in jeder Hinsicht leibfrei, oder mit einem Astralleib, Aetherleib oder Metaorganismus bekleidet gedacht werden, jedenfalls einer ganz andern Ordnung der Dinge angehören müssten, und dass sie keinenfalls mit einer Gestalt von denselben räumlichen Dimensionen, wie der von ihnen im Tode abgelegte Organismus besass, am wenigsten aber mit spirituellen Gewändern, gleich den im Leben getragenen, bekleidet, unter uns unsichtbar herumspazierten, so dass von einem blossen Sichtbarmachen der schon vorhandenen Gestalt keine Rede seine könne. Wollte ein Geist sich den Zuschauern offenbaren, so war es wohl begreiflich, dass er seine aus dem früheren Leben denselben bekannte Gestalt und Kleidung dazu wählte, aber diese Gestalt musste erst völlig neu producirt werden, wozu der Geist als solcher ausser Stande war, und wozu er eben die stoffgebende und formgebende Leistung des Mediums in Anspruch nehmen musste. Dem Geist bleibt, wenn er sich uns offenbaren will, nichts übrig, als in das Medium hineinzufahren und aus diesem heraus mit den Stoffen und Kräften desselben sich uns vernehmlich zu machen, wie ein Mensch, der in einen Sack gesteckt ist und nur durch den Sack hindurch gestikuliren kann.

So gelangte der Spiritismus dazu, alle physikalischen Wirkungen und alle Materialisationserscheinungen als Produkte des Mediums anzusehen, und die Geister nur als die Maschinenmeister zu betrachten, deren Wille und Intelligenz in der Absicht, sich zu offenbaren, hinter den Medien steht und die in deren Organismus verborgenen Kräfte spielen lässt. Die Geister haben nach dieser Ansicht aufgehört, irgend welche Wirkungen im Bereiche der irdischen Natur unmittelbar und persönlich hervorzubringen, sie bleiben aber die transcendente Ursache der Erscheinungen, welche das Medium willenlos und bewusstlos producirt. Eine kritische Auflösung der Verwechselung von „psychischer Kraft" und „mediumistischer Nervenkraft" muss das Aufgeben des naiv-sinnlichen Geisterglaubens zur Nothwendigkeit machen; denn was die Geister auch sonst noch an sich haben mögen, ein Nervensystem, vermittelst dessen sie (wie der Rochen elektrische Entladungen) Nervenkraftladungen produciren könnten, haben sie ebensowenig wie ein Muskelsystem, vermittelst dessen sie Tische und Stühle heben und schieben könnten.

So läutert sich die Hypothese der unmittelbaren Geisterwirkung zu derjenigen einer ausschliesslich durch das Medium vermittelten Geisterwirkung; das Medium ist jetzt der einzige Ausführende und die Geister weichen auf den Standpunkt von bloss intellektuellen Urhebern der Erscheinungen zurück. Indem sie jedoch von dem willenlosen und bewusstlosen Medium Besitz ergreifen, bleibt ihnen zunächst doch noch die psychische Seite der Produktion vorbehalten, und es ist vorläufig nur erst die leibliche Seite derselben, welche sie an das Medium haben abtreten müssen. Der Geist des Mediums selbst wird dabei, so weit als nöthig, von seiner Herrschaft über den Leib zeitweilig depossedirt und seine Stelle durch den „kontrolirenden Geist" eingenommen. Es ist also der Wille des kontrolirenden Geistes, welcher die vom Gehirn des Mediums ausgehenden

Innervationsimpulse so bestimmt und leitet, dass unwillkürliche Muskelbewegungen in den Gliedmaassen des Mediums entstehen, oder mediumistische Nervenkraft entfaltet wird; der fremde Geist ist es in Person, welcher durch den Leichnam des Mediums Handschrift oder fernwirkende Schrift producirt. Ebenso ist es dieser Geist, dessen Phantasie die zu materialisirende Gestalt vorschwebt, und welcher sie durch die im Organismus des Mediums aufgespeicherten und schlummernden Kräfte verwirklicht. Die ganze Aussenseite der Erscheinungen hat nunmehr ihren Ursprung im Medium, und nur die Innenseite, der Vorstellungsgehalt der Kundgebungen ist es jetzt noch, welcher die Mitwirkung der Geister unentbehrlich zu machen scheint, und zwar deshalb, weil vorausgesetzt wird, dass das Medium im bewusstlosen Schlaf-Zustand gar keine Intelligenz mehr zur Verfügung habe, und im wachen Zustande keine andre als das an den Erscheinungen unbetheiligte wache Bewusstsein.

Man kann die Hypothese der mittelbaren Geisterwirkung auf dieser Stufe ihrer Ausbildung als Besessenheitshypothese bezeichnen; denn das Medium ist grade soweit, als sein wahres Bewusstsein die Herrschaft über seinen Organismus verloren hat, vom kontrolirenden Geiste besessen. Der Geist des Mediums ist bei dem Vorgang vollständig ausgeschaltet. Entweder ist er in völlige Bewusstlosigkeit versunken, oder der Rest von bestehendem Bewusstsein beherrscht nicht mehr die zum Zustandekommen der Erscheinungen erforderlichen Innervationsimpulse, weiss auch direkt nichts von dem Gebrauch, welchen der kontrolirende Geist von seinem Organismus und dessen Kräften macht, sondern erfährt von den Erscheinungen ganz ebenso wie die Zuschauer erst hinterdrein etwas, nachdem sie zu Stande gekommen sind und sich der Sinneswahrnehmung bemerklich gemacht haben. Diese Besessenheitshypothese ist natürlich ein grosser Fortschritt gegen den naiven Geisterglauben, weil sie wenigstens in Bezug auf die Aussenseite der Erscheinungen den beobachteten Thatsachen Rechnung trägt; aber sie ist dennoch unhaltbar, weil sie denselben in Bezug auf die Innenseite derselben, d. h. den Vorstellungsinhalt der Kundgebungen noch keine Rechnung trägt. Sie entspricht einer Psychologie, welche unter dem Geiste des Menschen nichts als den Inhalt seines normalen, wachen Bewusstseins versteht und von relativ oder gar absolut unbewussten Begehrungen, Gefühlen und Vorstellungen noch nichts ahnt. Sie wird schlechterdings widerlegt schon durch die einzige Thatsache, dass es einen Sonnambulismus giebt, einen Zustand, in welchem die Menschen dem Inhalt ihres Bewusstseins durch Worte und Handlungen Ausdruck geben, während ihr waches Bewusstsein ganz unterdrückt oder doch abgeschwächt ist, und in welchem das (nachherige oder gleichzeitige) wache Bewusstsein der Regel nach von dem Inhalt des sonnambulen Bewusstseins nichts weiss, während dieses doch von jenem weiss. Wenn ein Medium im sonnambulen Zustand mündlich genauen Aufschluss zu geben vermag über den Inhalt der früher geleisteten fernwirkenden Schrift, von welchem sein waches Bewusstsein nichts wusste, so ist damit der zwingende Beweis geliefert, dass das sonnambule Bewusstsein des Mediums bei seinen mediumistischen Leistungen nicht ausgeschaltet oder übersprungen wird, sondern irgendwie mitbetheiligt ist. Dasselbe wird dadurch bewiesen, dass alle Kundgebungen einen dem geistigen Niveau und den Ansichten des Mediums entsprechenden Inhalt zeigen, dass sie sozusagen alle mit dem Lokalton oder Personalton des Mediums gefärbt sind. Schreitet man gar von der Erklärung der Transfigurations- und Materialisationserscheinungen durch dynamisch stoffliche Efflorescenz aus dem Medium zu derjenigen durch Hallucinationsübertragung fort, so wird die Hallucination im sonnambulen Bewusstsein des Mediums (in Verbindung mit dem Willen zur Uebertragung) zur unmittelbaren Entstehungsursache für die subjektiven Erscheinungen der Zuschauer, gelangt also zu erhöhter Wichtigkeit.

Muss nun die Mitbetheiligung des sonnambulen Bewusstseins sammt der Aktion der dasselbe tragenden Hirntheile unweigerlich zugestanden werden, so kann auch der Durchgang der Vorstellungen und Willensakte des kontrolirenden Geistes nicht mehr als ein rein passiver Vorgang gedacht werden; andrerseits kann das Zusammenwirken des kontrolirenden Geistes mit dem Geiste des Mediums nicht als eine Konkurrenz um die Herrschaft über den Organismus gedacht werden, wie sie zwischen dem sonnambulen und wachen Bewusstsein beim larvirten Sonnambulismus wirklich besteht. Vielmehr muss dem sonnambulen Bewusstsein und den es tragenden Hirntheilen die alleinige Herrschaft über diejenigen Theile und Kräfte des Organismus, welche die mediumistischen Erscheinungen hervorbringen, überlassen bleiben, und die Wirksamkeit des kontrolirenden Geistes muss sich darauf beschränken, im sonnambulen Bewusstsein des Mediums diejenigen Begehrungen, Gefühle und Vorstellungen hervorzurufen, welche für die Geisteroffenbarung erforderlich sind. Damit kommt dann der Begriff der Besessenheit völlig in Wegfall, indem er in den anderartigen Begriff der Inspiration umschlägt; d. h. die Besessenheits-Hypothese hat sich zur Inspirations-Hypothese hindurch geläutert.

Nach der Inspirations-Hypothese ist es das sonnambule Bewusstsein des Mediums selbt, welches bestimmte Sätze schreiben oder eine bestimmte Gestalt zur Erscheinung bringen will; aber welche Sätze und welche Gestalt ihm zur Ausführung vorschweben, soll nicht von psychischen Processen im Geiste des Mediums selbst, sondern davon abhängen, welche Gedanken oder welche Gestalt der kontrolirende Geist aus seinem Bewusstsein in das sonnambule Bewusstsein des Mediums überträgt. Jetzt erst ist die intellektuelle Urheberschaft der Geister auf ihren wahren und feineren Sinn zurückgeführt, insofern sie als ihr Correlat nicht bloss einen zeitweilig entseelten Organismus sondern die Einheit von Leib und Seele der ausführenden Person erfordert. Erst mit dieser Wendung tritt die Geisterhypothese in ein Stadium, welches es der Psychologie und Metaphysik anständiger Weise ermöglicht, sich im Ernste mit ihr kritisch zu beschäftigen, während das Voraufgeschickte nur zur historischen Orientirung des Lesers dienen sollte.

Die Vorstellungsübertragung ist ein uns bereits geläufiger Begriff; wenn es „Geister" giebt, so könnte sie wohl von einem „Geist" auf einen Menschen als möglich angenommen werden, da sie zwischen zwei

Menschen möglich ist. Indess bestehen doch für diese Annahme einige nicht zu unterschätzende Schwierigkeiten. Der Geist eines Verstorbenen besitzt kein Gehirn, dessen Schwingungen in einem in der Nähe befindlichen Menschengehirn ähnliche Schwingungen induciren könnten; die mechanische Vermittelung durch Aetherschwingungen, wie wir sie bei der Vorstellungsübertragung unter Menschen in unmittelbarer Nähe oder Berührung voraussetzen dürfen, fällt also für übertragende Geister weg, und es bleibt nur die andre Art der Vorstellungsübertragung ohne materielle Vermittelung übrig, welche an keine Entfernung gebunden scheint. In der That nehmen auch die neueren Spiritisten auf Grund mediumistischer Kundgebungen an, dass der kontrolirende Geist sich in beliebiger Ferne von dem ihn offenbarenden Medium befinden könne, ohne dass dadurch die Intimität des Rapports zwischen beiden beeinträchtigt werde. Der Uebelstand dabei ist nur der, dass nach unsern Erfahrungen auf weite Entfernungen gar keine Gedanken oder Worte sondern nur sinnlich anschauliche und möglichst lebhafte Hallucinationen übertragen werden können, wie sie ausschliesslich in den das sonnambule Bewusstsein tragenden Hirntheilen sich entwickeln zu können scheinen; Geister aber haben kein Gehirn, weder diejenigen Theile desselben, welche das wache, noch diejenigen, welche das sonnambule Bewusstsein tragen, und ihre Gedanken können darum schwerlich mit jener lebendigen hallucinatorischen Sinnenfälligkeit bewusst sein, wie allein die den Sinneswerkzeugen näherliegenden sonnambulen Hirntheile sie ermöglichen. Dass die Bedingungen für die Vorstellungsübertragung von einem Geist in das sonnambule Bewusstsein eines Menschen im Uebrigen günstiger seien als für die aus dem sonnambulen Bewusstsein eines andern Menschen, diess anzunehmen haben wir keinerlei Anlass; es ist nichts in Sicht, was die beregte Schwierigkeit ausgleichen könnte, man müsste denn auf den naiven Volksglauben zurückgreifen, dass ein Geist alles können muss, weil er eben ein Geist ist. Grade dasjenige, was z. B. für die im Medium bei einer Materialisationssitzung wirksame Phantasievorstellung eines Verstorbenen charakteristisch ist, die hallucinatorische Sinnenfälligkeit, muss der Vorstellung des Geistes an sich selbst abgehen, wogegen dasjenige, was man dem Geiste am ehesten zutrauen könnte, den wortlosen Gedankengehalt zu schreibender Sätze, nach unsern Erfahrungen wiederum nicht aus der Ferne übertragbar ist.

Zu diesen formellen Schwierigkeiten der Uebertragung gesellen sich noch andre, welche den Inhalt der Kundgebungen betreffen. Dieser Inhalt ist gewöhnlich unter dem geistigen Niveau des Mediums und der Anwesenden und erhebt sich höchstens auf, aber niemals über dasselbe. Diese Thatsache ist vollkommen begreiflich, wenn das sonnambule Bewusstsein des Mediums die alleinige geistige Quelle desselben bildet; aber sie zerstört die Geisterhypothese. Denn wenn die Geister uns nichts Besseres, als was wir selbst schon wissen, zu offenbaren haben, oder nach Lage der Dinge zu offenbaren im Stande sind, so wird das einzige Motiv hinfällig, welches man für ihre Neigung, sich zu offenbaren, angeben kann: der Wunsch, uns weiser und besser zu machen, als wir es ohnehin sind.

Abgesehen von diesen formellen und inhaltlichen Bedenken ist die Geisterhypothese auf der Stufe der Inspirations-Hypothese vor allen Dingen überflüssig, ein blosses fünftes Rad am Wagen. Auf der Stufe der Besessenheits-Hypothese erschien die Geistermitwirkung nur noch darum unentbehrlich, weil man von der Voraussetzung ausging, dass dem Medium ausser seinem (entweder unterdrückten oder bei Seite geschobenen) wachen Bewusstsein keine Intelligenz zu Gebote stände. Auf der Stufe der Inspirations-Hypothese, wo diese Voraussetzung nicht mehr besteht, muss aus dem besonderen Inhalt der Kundgebungen erst geschlossen werden, dass das sonnambule Bewusstsein des Mediums ausser Stande sei, sie zu produciren. So lange man von sonnambuler Gedächtniss-Hyperästhesie, Gedankenlesen und Hellsehen nichts weiss, gelten alle diejenigen Kundgebungen als Offenbarungen inspirirender Geister, welche einen Vorstellungsinhalt produciren, der dem wachen Bewusstsein des Mediums fremd oder auf dem Wege sinnlicher Wahrnehmung für dasselbe unverkennbar ist. Sobald man aber diese drei Erkenntnissquellen neben der sinnlichen Wahrnehmung einräumt, ist überhaupt kein Vorstellungsinhalt mehr denkbar, welcher seiner Natur nach unfähig wäre, aus ihnen geschöpft zu sein. Der Spiritismus kann aber die Möglichkeit der Vorstellungsübertragung aus einem Geist in den andern und diejenige des Hellsehens gar nicht bestreiten, ohne sich die Möglichkeit der Inspiration selbst abzuschneiden; denn was der inspirirende Geist weiss, kann er beim Mangel sinnlicher Wahrnehmungsorgane nur durch Hellsehen oder Gedankenlesen erfahren haben, und was das sonnambule Bewusstsein des Mediums von diesem Geiste empfängt, kann es nur durch Inspiration, d. h. durch Vorstellungsübertragung empfangen. Die Einschaltung des gedankenlesenden (oder hellsehenden) und inspirirenden Geistes zwischen das gedankenlesende (oder hellsehende) Medium und den zu percipirenden Vorstellungsinhalt ist also nicht eine Lösung, sondern nur eine Verdoppelung der in dem Problem des Gedankenlesens oder Hellsehens liegenden Schwierigkeit, wobei noch der erschwerende Umstand hinzutritt, dass aus den angezeigten Gründen das Gedankenlesen aus dem Bewusstseinsinhalt eines leibfreien Geistes für das Medium viel schwieriger ist als dasjenige aus den Gedanken eines andern Menschen, zumal eines neben ihm sitzenden und durch direkte oder indirekte körperliche Berührung mit ihm verbundenen.

So hat sich die gesammte Geister-Hypothese in ein reines Nichts aufgelöst, nachdem zuerst die direkten physikalischen Kraftleistungen, dann die Hervorbringung der Materialisationserscheinungen, und endlich auch die Produktion des Vorstellungsinhalts der Kundgebungen sich von den vorausgesetzten Geistern auf das Medium verschoben haben. Ob es Geister giebt, oder nicht, haben wir hier nicht zu untersuchen; jedenfalls sind sie, wenn es welche giebt, in jenes Jenseits zurückverwiesen, aus welchem der Spiritismus sie in's Diesseits herabgezogen zu haben glaubte.

Es giebt einige allgemeine methodologische Grundsätze, gegen welche man nicht ungestraft verstösst. Man soll erstens die Principien nicht ohne Noth vervielfältigen, also nicht eine zweite Art von Ursachen supponiren, so lange man mit einer einzigen Art derselben auskommt. Man soll zweitens so lange als möglich bei Ursachen, deren Existenz durch die Erfahrung oder zweifellose Schlüsse verbürgt ist, stehen bleiben, und nicht ohne Noth zu solchen Ursachen greifen, deren Existenz zweifelhaft oder unerwiesen ist und erst durch ihren Werth als Hypothese zur Erklärung der fraglichen Erscheinungen erhärtet werden soll. Man soll drittens so lange als möglich mit natürlichen Ursachen auszukommen suchen und nicht ohne dringende Noth zu übernatürlichen greifen. Gegen diese drei Grundsätze verstösst der Spiritismus. Die eine, erfahrungsmässig gegebene, natürliche Art von Ursachen, welche wir in den Medien besitzen, erkennt er zwar an, statuirt aber neben ihr eine zweite, erfahrungsmässig nicht gegebene, übernatürliche Art von Ursachen, deren Existenz erst durch dies fragliche Erscheinungsgebiet erwiesen werden soll.

Damit man neben der ersten Art von Ursachen auch noch die zweite gelten lasse, müsste sich nun doch der Spiritismus gedrungen fühlen, seine ganze Kraft daran zu setzen, um genau die Grenzlinie zu bestimmen, jenseits welcher die Erklärungsfähigkeit der ersten Art von Ursachen aufhört, und um mit der sorgfältigsten Kritik zu beweisen, warum ihre Zulänglichkeit jenseits dieser Grenzlinie aufhört. So lange diese Grenzbestimmung und dieser Beweis nicht erbracht ist, ist die dem Behauptenden obliegende Beweislast für die Mitwirkung der zweiten Art von Ursachen ungehoben; der Spiritismus hat aber noch nicht den leisesten Versuch gemacht, sich dieser Aufgabe zu entledigen. So lange sie unerfüllt bleibt, entbehrt die Geister-Hypothese jedes Schimmers einer wissenschaftlichen Begründung und Berechtigung, und alle Philosophen, welche die Geisterhypothese des Spiritismus adoptirt haben, haben damit einen bedenklichen Mangel kritischer Vorsicht gezeigt.